Knüpf-Profi mit Scoubidou

Hast du auch schon die bunten Plastikschnüre entdeckt? Ich bin ganz begeistert, was man aus denen alles machen kann! Anhänger, Schmuck, Tiere, Figuren – mit Scoubidoubändern kannst du tolle Accessoires für dich und deine Freunde knüpfen. Und das Beste: je nachdem wie du die Farben kombinierst, mit wie vielen Fäden du knüpfst und in welche Richtung du die Bänder legst, es sieht immer wieder anders aus.

Viel Spaß beim Knüpfen und Knoten!

Inge Walz

Die Motive lassen sich in folgende Schwierigkeitsgrade unterteilen:

● ○ ○ einfach ● ● ○ etwas schwieriger ● ● ● anspruchsvoll

MATERIAL

- Scoubidoubänder mit und ohne Glitter
- Holz- und Plastikperlen
- Silber- und Golddraht, ø 0,4 mm und ø 0,6 mm
- Wackelaugen
- Acrylfarbe
- Langhaarplüsch
- Accessoires wie Schlüsselanhänger, Kettenverschlüsse und Krokodilklammern

Hinweis: Sofern nicht anders angegeben, wurden Scoubidoubänder mit einer Länge von 80 cm benutzt. Alle Farbangaben sind nur Vorschläge. Wähle deine Lieblingsfarben aus oder probiere, welche Farben am besten zusammenpassen.

Folgende **WERKZEUGE** und **HILFSMITTEL** benötigst du für fast jedes Scoubidou. Sie werden in den Materiallisten daher nicht aufgeführt.

- Schere
- Kraftkleber, z. B. UHU
- feiner Filzstift in Schwarz und Rot
- Bleistift
- Buntstift in Rot
- Schaschlikstäbchen
- Häkelnadel
- Vorstechnadel
- Maßband
- Zange

So geht's

In diesem Buch gibt es rund, eckig, rechteckig und spiralförmig geknüpfte Scoubidou. Man kann fast jede Form mit jeder beliebigen Anzahl Bänder knüpfen. Wenn man das Prinzip verstanden hat, kann man sogar ganz dicke Scoubidou aus 12 und mehr Bändern knüpfen.

Technik 1: Eckige Scoubidou mit 4 Bändern

1 Die Bänder a und b über die Bänder c und d zu Schlaufen legen.

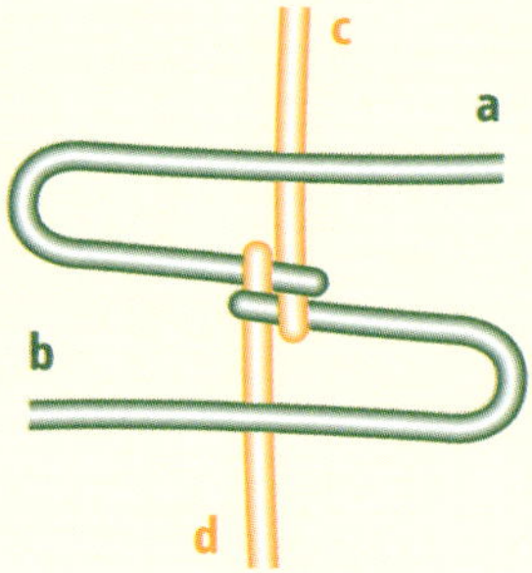

2 Die Bänder c und d in die Schlaufen einfädeln.

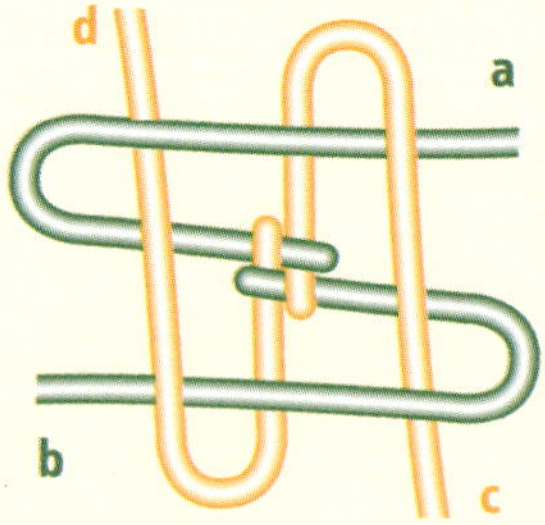

3 Die Bänder festziehen. Es entsteht ein quadratischer Knoten.

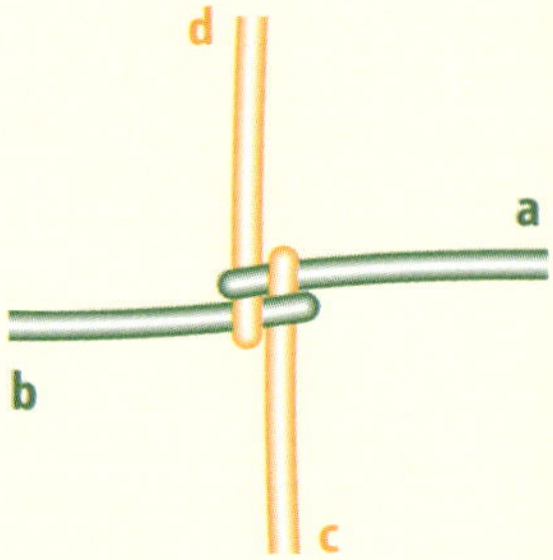

4 Den 2. und alle weiteren Knoten knüpfst du genauso. Damit das Scoubidou eckig wird, musst du darauf achten, dass 1 Bandende immer auf dieselbe Seite wie beim vorangegangenen Knoten gelegt wird. So fährst du fort, bis die gewünschte Länge erreicht ist.

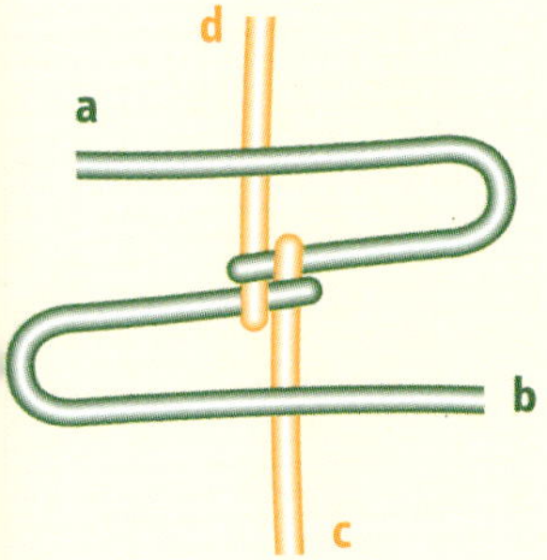

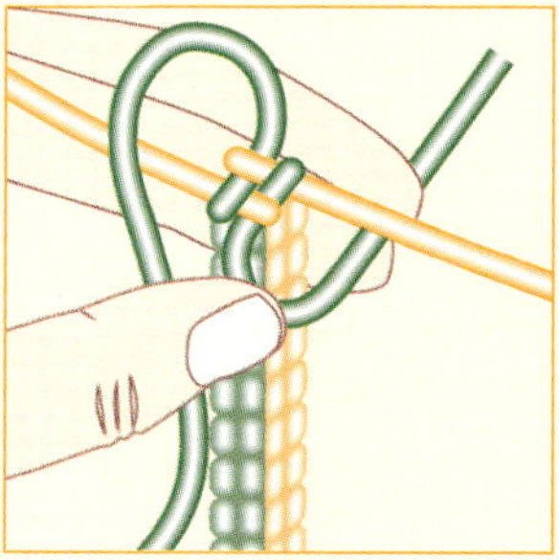

Technik 2: Runde Scoubidou mit vier Bändern

1 Den 1. Knoten knüpfst du wie bei Technik 1, eckige Scoubidou mit 4 Bändern.

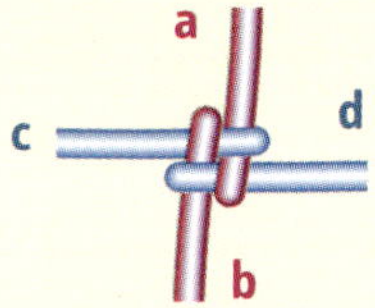

2 Beim nächsten Knoten jedoch legst du die Bänder a und b diagonal über die Bänder c und d zu Schlaufen.

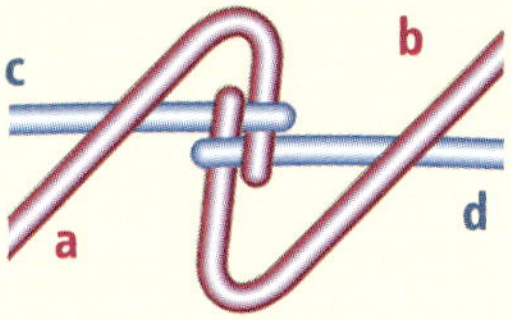

3 Die Bänder c und d in die Schlaufen einfädeln und festziehen. Wenn du immer so fortfährst, erhältst du einen runden Scoubidoustrang.

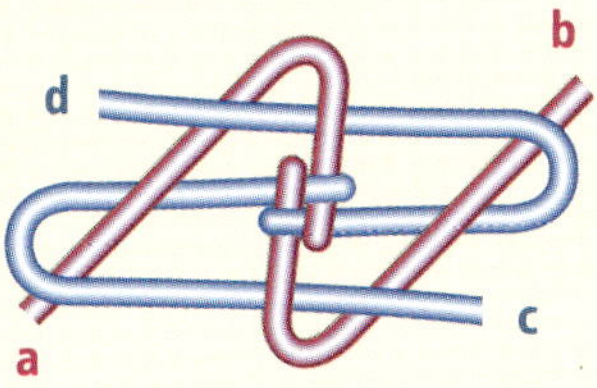

Nach dem selben Prinzip kannst du auch runde Scoubidou mit 3, 5 oder beliebig vielen anderen Bändern arbeiten: Band a im Bogen auf b, b im Bogen auf c und c durch die Anfangsschlaufe von a ziehen. Alle Bänder anziehen.

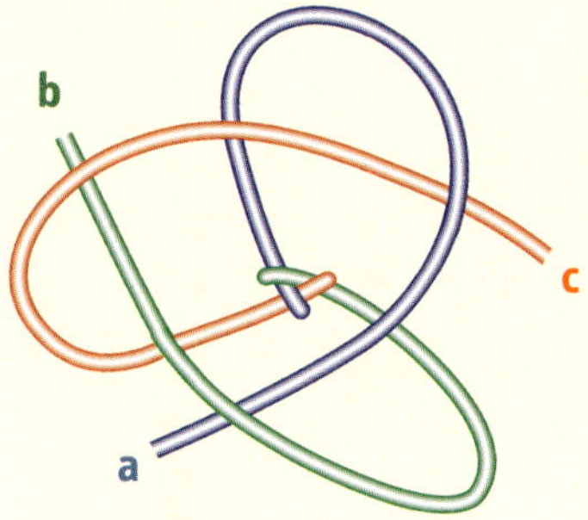

Tipp: Wie bei den spiralförmigen Scoubidou kannst du auch hier im Uhrzeigersinn oder gegen den Uhrzeigersinn arbeiten. Machst du im Wechsel einen Knoten im, einen gegen den Uhrzeigersinn, wird das Geflecht drei-, fünf- oder eben so vieleckig, wie du Bänder verwendet hast.

Technik 3: Rechteckige Scoubidou mit 6 Bändern

1 Die Bänder gemäß der Zeichnung anordnen. Die Bänder a und b sind die so genannten Leitschnüre, c, d, e und f nennt man Knüpfschnüre. Die Knüpfschnüre werden über die Leitschnüre geknüpft.

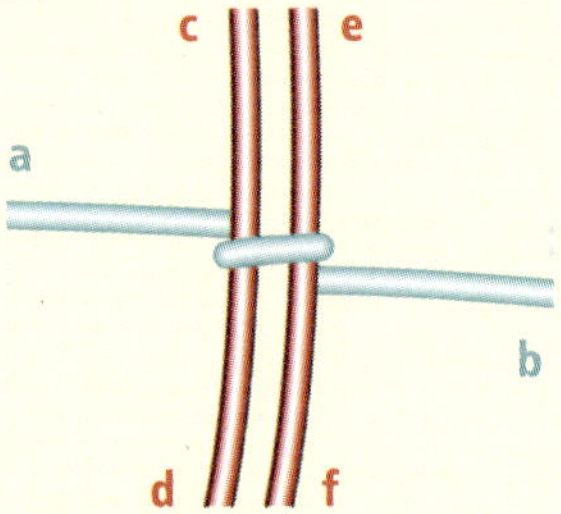

2 Die Leitschnüre a und b über die übrigen Bänder zu Schlaufen legen.

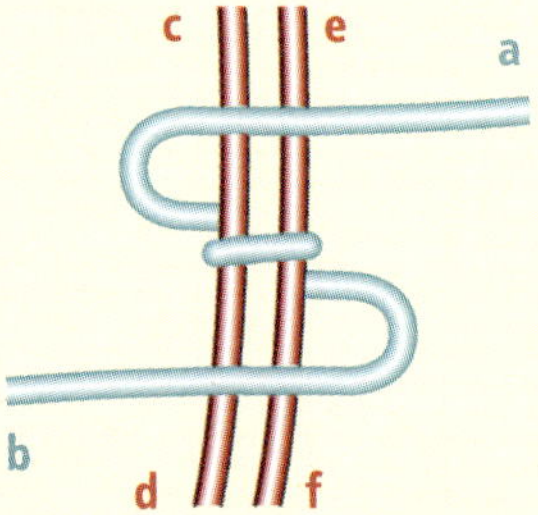

3 Wie beim Weben nun die Knüpfbänder c, d, e und f nacheinander in die Schlaufen der Leitbänder einflechten.

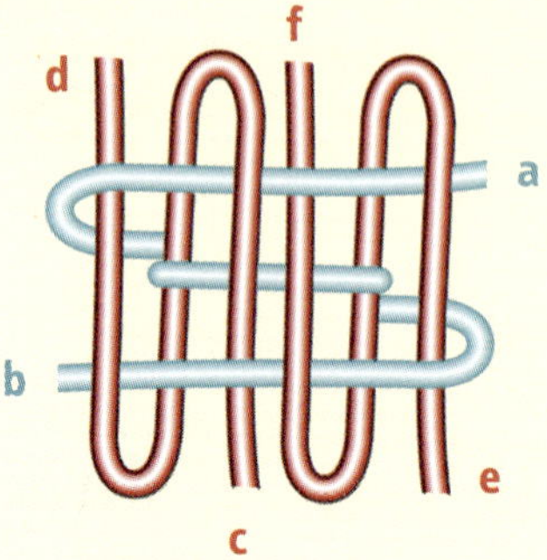

4 Die Bänder festziehen. Es entsteht ein Rechteck aus 8 kleinen Karofeldern.

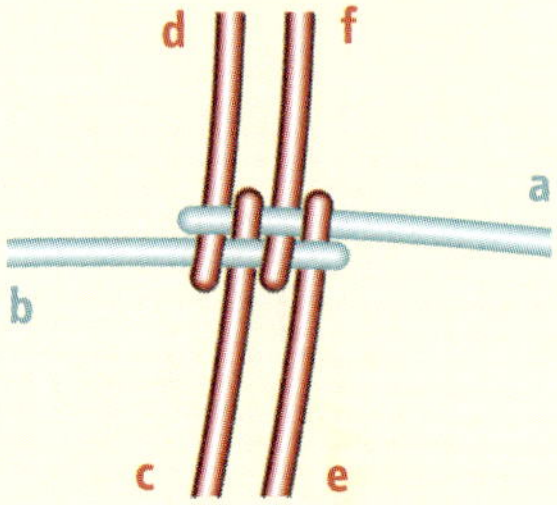

5 Erneut die beiden Leitschnüre zu Schlaufen legen und die Knüpfschnüre einweben. Wichtig ist auch hierbei, dass die Bänder immer auf die gleiche Seite wie zuvor, also immer parallel zueinander gelegt werden.

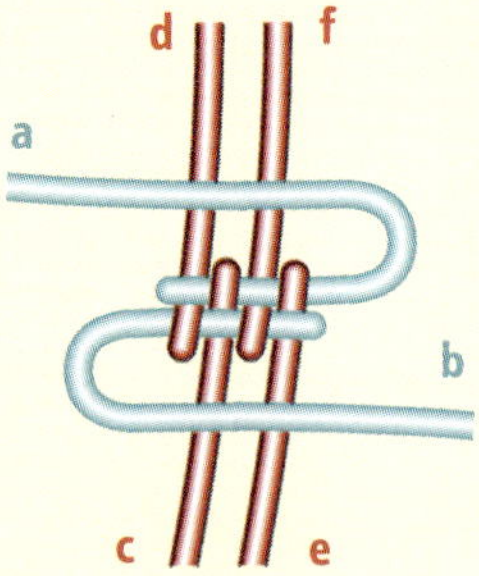

Auf dieselbe Art und Weise kannst du auch rechteckige Scoubidous aus 8 oder 10 (oder mehr) Bändern knüpfen. Seitlich befinden sich immer 2 Leitschnüre, zwischen denen eine beliebige gerade Anzahl weiterer Bänder angeordnet werden kann.

Technik 4: Spiralförmige Scoubidou mit 6 Bändern

1 Ordne die Bänder wie bei Technik 3 an und knüpfe den 1. Knoten wie dort beschrieben. Für den 2. und jeden weiteren Knoten legst du die Leitschnüre diagonal über die Knüpfschnüre zu Schlaufen.

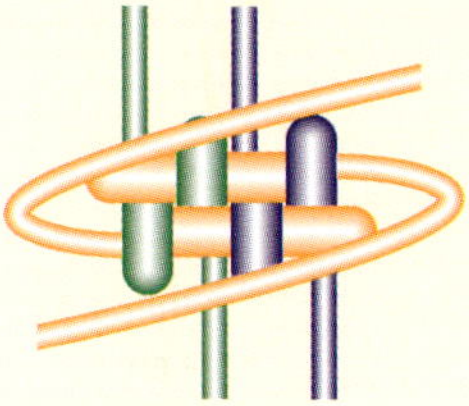

2 Nach und nach die Knüpfschnüre einflechten. Auch sie werden schräg gelegt. Gut festziehen. Durch das diagonale Legen verschieben sich die Knoten in der Ebene zueinander und es entsteht eine Spirale. Je nachdem ob man die Schnüre im Uhrzeigersinn oder gegen den Uhrzeigersinn diagonal legt, ändert die Spirale ihre Richtung.

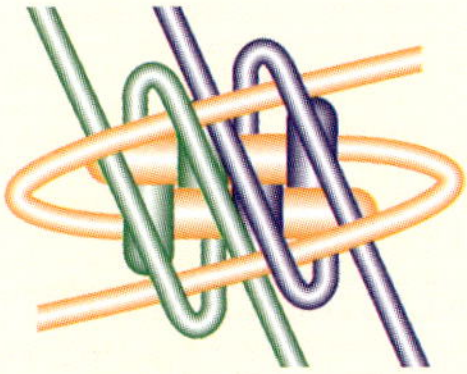

Auch diese Technik kann mit mehr Bändern gearbeitet werden. Es bleibt immer bei den 2 waagerechten Leitschnüren, die gerade Anzahl der senkrechten Knüpfschnüre kann beliebig (d. h., so lange du den Überblick behältst) erweitert werden.

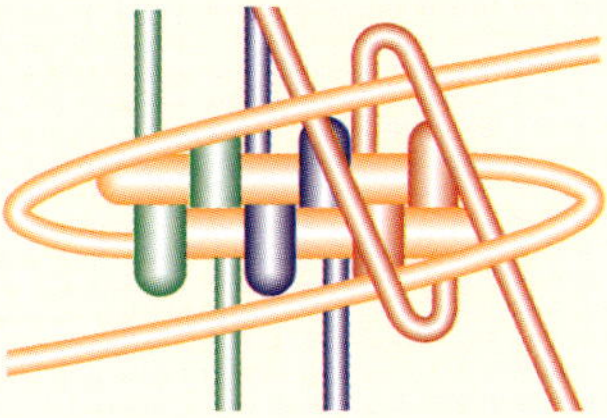

Überhandknoten

Eigentlich handelt es sich dabei um den einfachen, herkömmlichen Knoten. Er dient dazu, mehrere Bänder am Anfang oder Ende einer Arbeit vorübergehend zusammenzuhalten oder um Kugeln zu sichern.

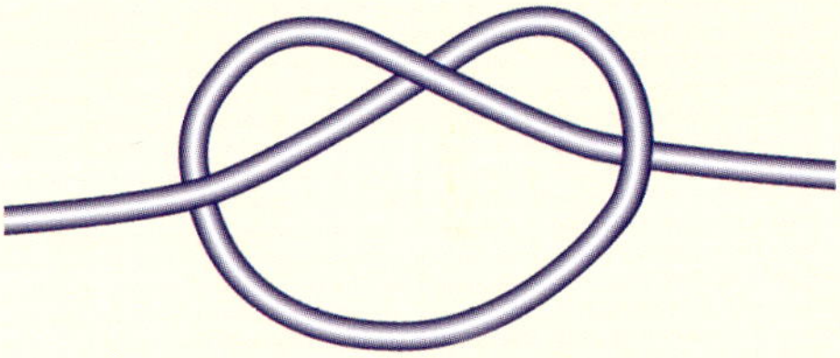

Einhängen der Fäden

1 Das Band mitteln, die entstandene Schlinge über einen Ring, Stab o. Ä. legen und die beiden Schnüre durch diese Schlinge ziehen.

2 Seitlich kann man auf diese Weise noch weitere Bänder einhängen.

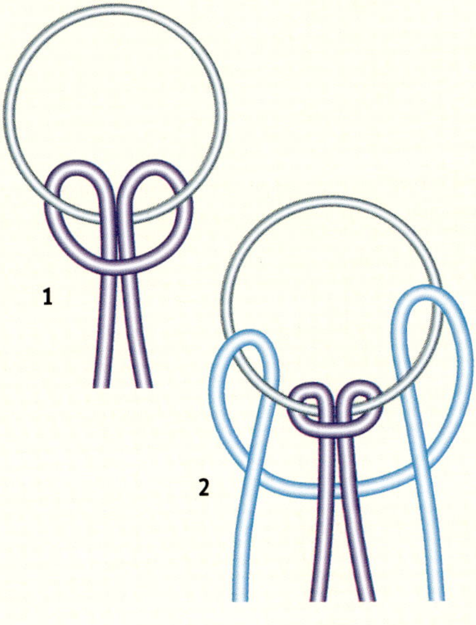

Kettknoten

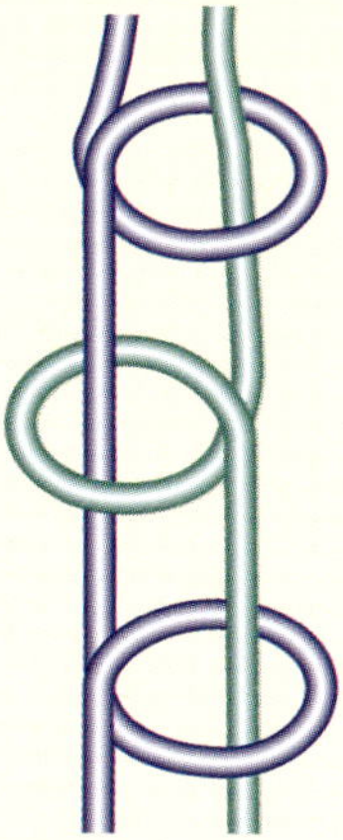

1 Den Knoten mit 2 Bändern knüpfen. Die linke Schnur als Leitschnur spannen und die rechte Schnur als Knüpfschnur darauf legen. Hinter der Leitschnur durchziehen (= ½ Knoten).

2 Die Knüpfschnur als Leitschnur spannen und die andere Schnur als Knüpfschnur auf die Leitschnur legen. Hinter der Leitschnur durchziehen (Schritt 1 + 2 = 1 Knoten). Wichtig: Beim Anziehen des Knotens die Leitschnur stets fest spannen.

Schlingenknoten

1 Für den Schlingenknoten wird 1 Knüpf- und 1 Leitschnur benötigt.

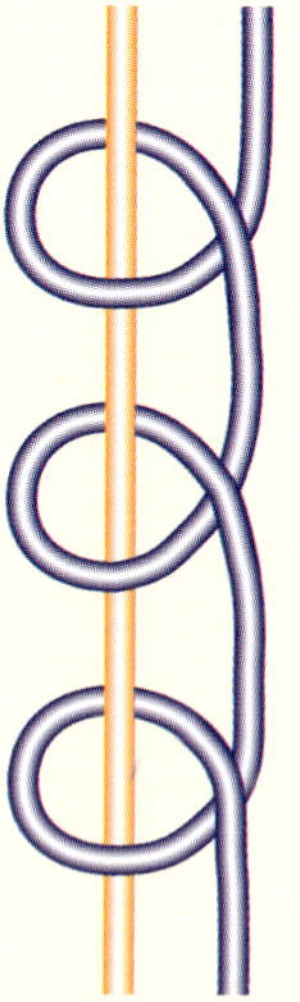

2 Die Leitschnur spannen, die Knüpfschnur auf die Leitschnur legen und hinter der Leitschnur durch wieder auf der Seite, auf der begonnen wurde, über die Knüpfschnur ziehen.

3 Der Schlingenknoten kann entweder nach rechts oder nach links gelegt werden, je nachdem auf welcher Seite die Knüpfschnur hängt. Nach mehreren Knoten entsteht eine Knotenspirale.

Schlingenknoten gegenseitig im Wechsel

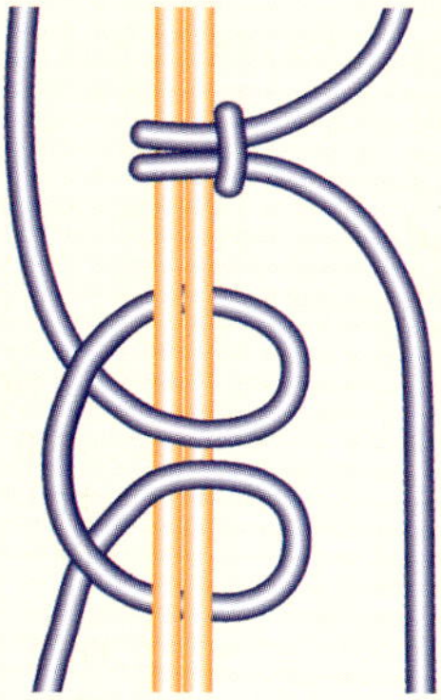

1 Über 1 oder mehrere Leitschnüre die rechte Knüpfschnur legen und hinter der Leitschnur durchziehen; dann die Knüpfschnur unter die Leitschnur legen und darüber ziehen. Die Knüpfschnur hängt nach rechts.

2 Dann die linke Knüpfschnur über die Leitschnur legen und darunter durchziehen. Die gleiche Schnur nun unter die Leitschnur legen und darüber ziehen. Wichtig ist, die Schnüre gleichmäßig anzuziehen, so dass zwischen den einzelnen Knoten gleichmäßige Bögen entstehen.

Flämischer Knoten

1 Die Schnur zu einer Schlinge legen und einmal verdrehen.

2 Das Bandende durch die Schlinge ziehen. Wenn der Knoten mit mehreren Schnüren gearbeitet werden soll, darauf achten, dass die Schnüre stets parallel liegen.

1

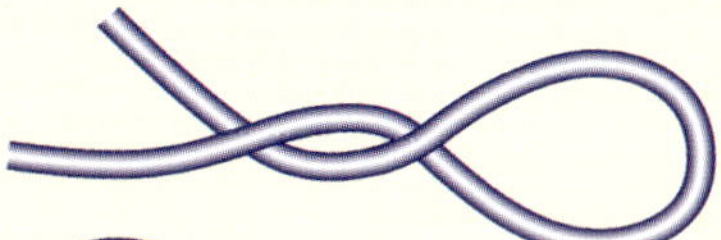

2

Weberknoten

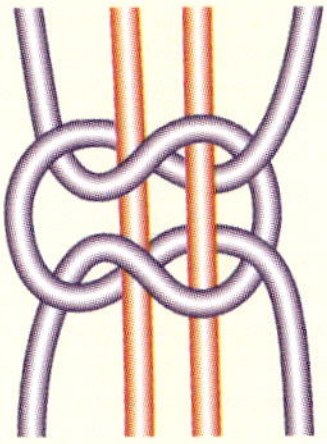

1 Der Weberknoten besteht aus mindestens 1 bis beliebig vielen Leitschnüren und mindestens 2 Knüpfschnüren, auf jeder Seite eine. Die Knüpfschnüre können natürlich auch doppelt oder mehrfach gelegt werden.

2 Die rechte Schnur in einem Bogen waagrecht über die Leitschnüre legen, die linke Schnur darüber legen und die linke Schnur hinter den Leitschnüren nach rechts durch die Öse führen.

3 Der 2. Teil des Knotens wird gegengleich ausgeführt: 1 Schlinge von rechts, 1 von links ergibt 1 weiteren Knoten. Gezählt wird an den Bögchen, die sich am Rand bilden.

Tipp: 1 Weberknoten aus 2 Bändern ohne Leitschnur entsteht, wenn du 1 Überhandknoten und darüber gegengleich nochmals 1 Überhandknoten machst.

Kapuzinerknoten

1 Mit diesem Knoten kann man einen schönen Abschluss binden. Eine Schlinge legen.

2 Diese von oben mit dem Bandende mehrmals fest umwickeln und das Schnurende durch die Schlinge ziehen.

3 Den ganzen Knoten nach unten ziehen, bis die Schlinge im Knoten verschwunden ist. Auf diese Weise kann man auch mehrere Fäden mit 1 Band abbinden.

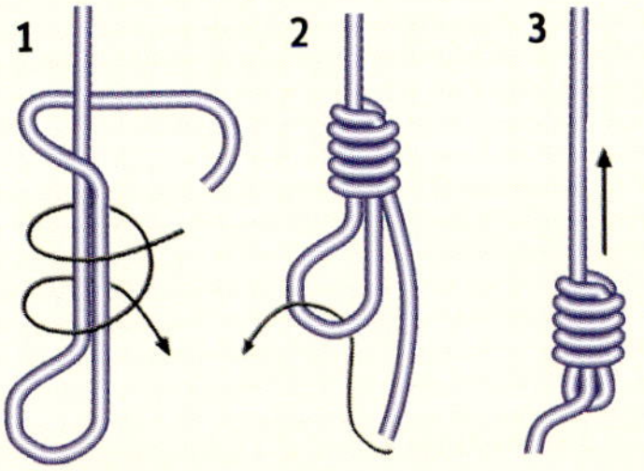

Wellenknoten

Der Wellenknoten wird wie der 1. Teil des Weberknotens gelegt, jedoch die Schlinge immer von der gleichen Seite formen, entweder sämtliche Schlingen von rechts oder alle von links. Dieser Knoten dreht sich nach ca. 4 bis 5 Schlingen spiralförmig. Drehen lassen und immer wieder von der gleichen Seite weiterknüpfen. Wichtig ist, dass die Leitschnüre immer gespannt bleiben.

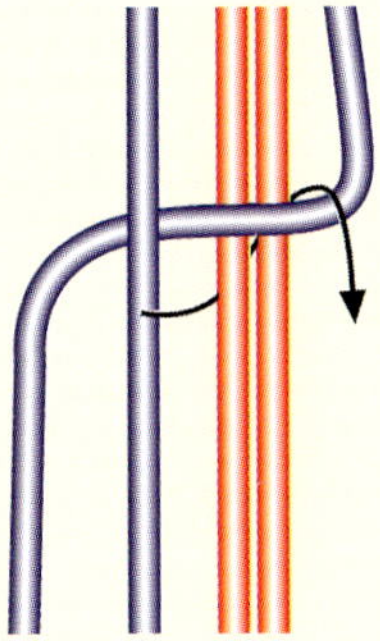

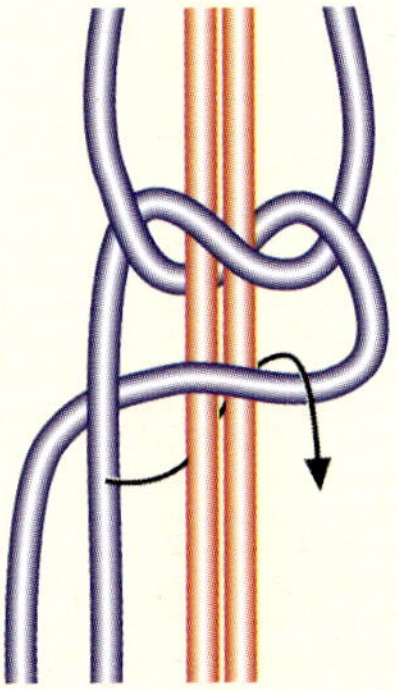

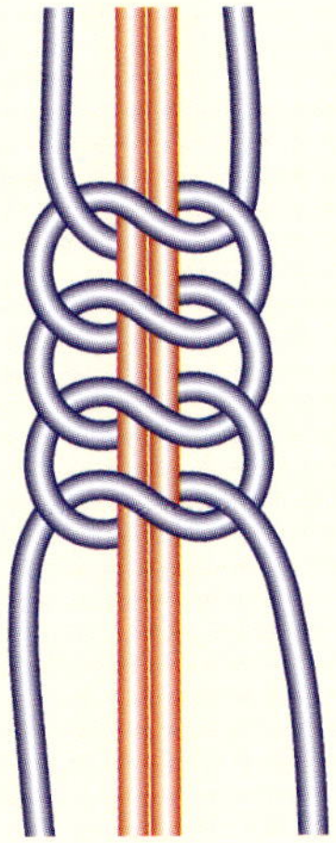

Feigenknoten

Der Feigenknoten beginnt und endet jeweils mit 1 Weberknoten. Dazwischen werden zwischen 3 und 9 Flechtknoten wechselnder Breite ausgeführt. Hierzu die Leitschnüre zusammen mit den Knüpfschnüren in die Breite ziehen. Nach dem mittleren Knoten die Leitschnüre wieder zur Mitte ziehen, so dass der Knoten sich verengt. Wichtig: Leitschnüre immer gespannt halten.

Rundkordel

1 4 Bänder parallel legen. Die linke Schnur hinter den daneben liegenden 2 Schnüren über 1 Schnur nach links vorne legen.

2 Die rechte äußere Schnur hinter den 2 daneben liegenden Bändern über eine Schnur nach rechts vorne legen.

3 Diesen Vorgang so lange wiederholen, bis die gewünschte Länge erreicht ist. Wichtig: Zwischendurch nicht aus der Hand legen, weil sich die Kordel sonst löst. Den Abschluss mit 1 Überhandknoten, Weberknoten o. Ä. sichern.

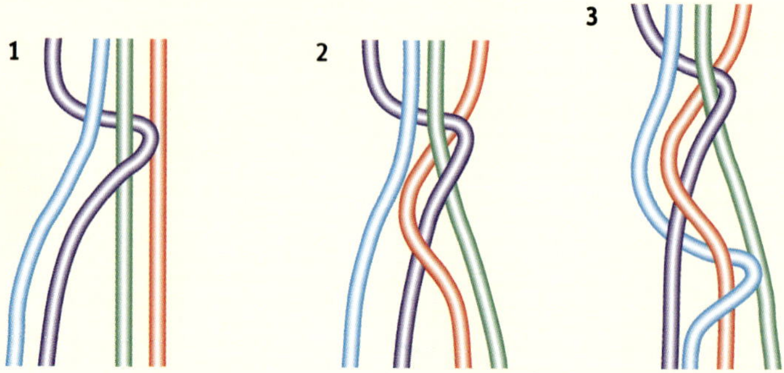

Tipps und Tricks

- Die Bänder sind oft sehr unterschiedlich: Manche sind dünn und „rutschen" leicht, andere sind dick und lassen sich schwerer anziehen. Die Kombination der beiden Sorten ergibt nicht so regelmäßige Knoten, sieht aber u. U. gut aus.
- Je nachdem wie dick die Bänder sind und wie fest du knüpfst, brauchst du bei einzelnen Modellen evtl. mehr oder weniger Knoten als angegeben.
- Wenn ein Band beim Knüpfen zu früh zu Ende geht, kannst du ein neues Band ansetzen: Klebe mit Kraftkleber ein Stück Draht in das Bandende und den Anfang des neuen Bandes, lass es gut trocknen und ziehe den nächsten Knoten ganz vorsichtig an. Die Ansatzstelle kannst du im Geflecht verbergen.

Männchen und Anhänger

→ dieselbe Technik, mal mit, mal ohne Kopf

MATERIAL ANHÄNGER IN GRÜN-WEISS-BLAU

- je 1 Scoubidouband in Weiß, Grün und Blau
- je 2 Plastikperlen in Hellgrün, Blau und Transparent, ø 8 mm
- Schlüsselring mit Kette, ø 2,5 cm

MÄNNCHEN IN GRÜN-WEISS-BLAU

- je 1 Scoubidouband in Grün, Blau und Weiß
- 2 Scoubidoubänder in Grün, ca. 30 cm lang
- Rohholzperle, ø 2 cm
- Acrylfarbe in Hautfarbe und Weiß
- Silberdraht, ø 0,4 mm, 6 x 3 cm lang

ANHÄNGER IN BLAU-WEISS

- je 2 Scoubidoubänder in Blau und Weiß
- Schlüsselring mit Karabiner, ø 1,5 cm

MÄNNCHEN IN BLAU-WEISS

- je 2 Scoubidoubänder in Weiß und Blau
- je 1 Scoubidouband in Weiß und Blau, ca. 40 cm lang
- Rohholzperle, ø 2,5 cm
- Acrylfarbe in Hautfarbe und Weiß
- Silberdraht, ø 0,4 mm, 8 x 5 cm lang

KNOTEN

- runde Scoubidou mit 3 und 4
- spiralförmige Scoubidou mit 6 und 8
- Weberknoten
- Wellenknoten
- Kettknoten
- Schlingenknoten

Männchen und Anhänger

Anhänger in Grün-Weiß-Blau

1 Alle 3 Schnüre nach ca. 40 cm mit einem lockeren Überhandknoten versehen und mit den 3 langen Schnurenden 30 Reihen runde Scoubidou mit 3 Bändern knüpfen. Den Überhandknoten wieder lösen.

2 Das Geflecht zu einem Bogen legen und über 2 grüne und 2 blaue Leitschnüre mit den 2 weißen Schnüren 5 Wellenknoten knüpfen.

3 Die Schnüre teilen und je 16 Reihen runde Scoubidou mit 3 Schnüren knüpfen. Unten beide Stränge mit 1 Weberknoten aus 1 grünen Knüpf- über 2 blauen und 2 weißen Leitschnüren zusammenfassen.

4 Auf jedes Schnurende eine farblich passende Perle aufziehen. Die beiden grünen Perlen direkt an den Weberknoten schieben. Jede Perle mit 1 festen Überhandknoten sichern. Den Anhänger am Schlüsselring einhängen.

Männchen in Grün-Weiß-Blau

1 Die Holzperle hautfarben grundieren und mit Filzstift und weißer Farbe das Gesicht aufmalen.

2 Alle 3 Schnüre mitteln und durch die Bohrung der Holzperle ziehen. Oben schauen die Schlaufen heraus, die nach ca. 3 cm aufgeschnitten werden. In jedes Schnurende ein Stück Silberdraht stecken. Mit Hilfe eines Schaschlikstäbchens die Locken drehen.

3 Die Schnüre unter dem Kopf teilen und jeweils 6 Reihen runde Scoubidou mit 3 Bändern knüpfen. Dabei den einen Strang im Uhrzeigersinn, den anderen gegen den Uhrzeigersinn knüpfen.

4 Beide Stränge mit 5 Wellenknoten aus 2 blauen Knüpf- über 2 weißen und 2 grünen Leitschnüren zusammenfassen.

5 Die Schnüre wieder teilen und zwei Stränge aus je 9 Reihen runde Scoubidou mit 3 Schnüren wie oben knüpfen.

6 Für die Füße über 1 blaue Leit- und je 1 weiße und 1 grüne Knüpfschnur 2 Weberknoten knüpfen. Dabei die Leitschnur zu einem Winkel von 90 Grad legen, so dass die Fußform entsteht. Alle 3 Schnurenden mit 1 festen Überhandknoten versehen, evtl. mit wenig Klebstoff fixieren und die Enden abschneiden.

7 Für die Arme mit einer Vorstechnadel unterhalb des Kopfes an jeder Seite 1 kurze grüne Schnur einziehen und mitteln. Auf jeder Seite 7 Kettknoten knüpfen, auf Hüfthöhe wieder mit der Vorstechnadel ein Schnurende durchziehen und auf der Rückseite mit 1 Weberknoten aus 2 Fäden und etwas Klebstoff sichern.

Anhänger in Blau-Weiß

1 Die Schnüre mitteln. 1 blaue Schnur, die als Leitschnur dient, um die 3 anderen Schnüre binden. Die Fäden wie folgt anordnen: weiß, blau, weiß. 19 Reihen spiralförmige Scoubidou mit 8 Bändern knüpfen.

2 Die Schnüre teilen und aus je 2 weißen und 1 blauen Band 6 Reihen runde Scoubidou mit 3 Bändern knüpfen. Die kurze blaue Schnur, die zuvor als Leitfaden gedient hat, dabei in der Mitte einknüpfen und nach einigen Knoten abschneiden.

3 Die Bänder – es sind nun 6 – wieder zusammennehmen und zum Abschluss noch 5 Reihen spiralförmige Scoubidou knüpfen (der Leitfaden ist weiß). Vor der letzten Runde etwas Klebstoff auftragen und die Enden abschneiden. An einer Lasche am anderen Ende den Schlüsselring einhängen.

Männchen in Blau-Weiß

1 Die Holzperle hautfarben grundieren und mit Filzstift, Buntstift und weißer Acrylfarbe das Gesicht aufmalen. Die 4 langen Schnüre mitteln und durch den Kopf ziehen, so dass ca. 3 cm bis 4 cm lange Schlaufen oben aus der Kugel herausschauen. Diese Schlaufen aufschneiden, die Drahtstücke einstecken und über ein Schaschlikstäbchen zu Locken drehen.

2 Der Körper wird wie der Schlüsselanhänger in Blau-Weiß geknüpft.

3 Für die Arme auf jeder Seite unterhalb des Kopfes mit einer Vorstechnadel 1 kurzes Band durch eine Knotenöse ziehen. Die Leitschnur 12 cm lang spannen und darüber mit dem anderen Schnurende 3,5 cm Schlingenknoten knüpfen. Mit der Vorstechnadel das Schnurende wie abgebildet auf Hüfthöhe durch eine weitere Öse nach hinten ziehen und mit 1 Weberknoten aus 2 Fäden anknoten. Mit etwas Klebstoff sichern.

Tipp: Der Anhänger und das Männchen werden am schönsten mit dicken Schnüren die sich schwer anziehen lassen. So können die Knoten über die Leitschnur richtig in die Breite gezogen werden.

Fische

→ gestreift

MATERIAL FISCH IN LILA TRANSPARENT

- 2 Scoubidoubänder in Transparent, 50 cm lang
- je 1 Scoubidouband in Hellviolett und Dunkelviolett, 50 cm lang
- 2 Wackelaugen, ø 6 mm
- Silberdraht, ø 0,4 mm, 4 x 10 cm lang

KNOTEN

- eckige Scoubidou mit 4
- rechteckige Scoubidou mit 6 und 8

1 Begonnen wird am Kopf: Die Schnüre mitteln und mit einer transparentfarbenen Schnur die restlichen 3 Schnüre zusammenknoten. Mit dieser transparentfarbenen Schnur als Leitschnur 6 bis 8 Reihen rechteckige Scoubidou mit 8 Bändern knüpfen.

2 1 Reihe mit 6 Bändern knüpfen, d.h., die 2 hellvioletten Schnüre nicht mitknüpfen. 2 Reihen eckige Scoubidou mit 4 Bändern knüpfen, dabei 1 dunkelviolette und 1 transparente Schnur nicht mitknüpfen.

3 2 transparente Schnüre der letzten Reihe auf 10 cm kürzen und jeweils ein Drahtstück einziehen. Aus diesen 2 Schnüren die Schwanzflosse formen. Mit den 2 anderen Bändern 2 Überhandknoten über die Enden der Schwanzschnüre knüpfen. Überstehende Schnurenden abschneiden.

4 Die Brust- und Rückenflosse werden aus je einer 7 cm langen lilafarbenen bzw. transparenten Schnur, in die Drahtstücke gezogen werden, geformt und mit den überstehenden Drahtstücken am Fisch angeknotet. Beidseitig die Wackelaugen ankleben.

Farbvarianten: **Der Fisch sieht auch in anderen Farben toll aus. Bei dem matten Fisch in Orange-Gelb unten werden die gelben Bänder links und die orangefarbenen Bänder rechts angeordnet, so dass mit je 1 Leitschnur in Gelb und in Orange geknüpft wird.**

Kleine Anhänger

→ in tollen Formen

MATERIAL PRO RUNDER ANHÄNGER

- je 1 Scoubidouband in Blau, Weiß und Orange bzw. Grün, Schwarz und Weiß
- Schlüsselring, ø 2 cm

ANHÄNGER IN ORANGE-WEISS

- je 2 Scoubidoubänder in Weiß und Orange
- Schlüsselring, ø 2,5 cm

ZICKZACK-ANHÄNGER IN ROSA-GELB-HELLBLAU

- je 1 Scoubidouband in Gelb, Hellblau und Rosa

KNOTEN

- runde Scoubidou mit 4
- eckige Scoubidou mit 4
- spiralförmige Scoubidou mit 6 und 8
- Wellenknoten

Runde Anhänger

1 2 Schnüre mitteln und die 3. mit 1 Überhandknoten mittig um die 2 festbinden.

2 Mit den 6 Bändern 7 Reihen spiralförmige Scoubidou im Uhrzeigersinn arbeiten; die Leitschnur ist blau bzw. grün. Wiederum 7 Runden ebenfalls spiralförmige Scoubidou aber gegen den Uhrzeigersinn knüpfen, weitere 7 Runden im Uhrzeiger- und nochmals 7 Runden gegen den Uhrzeigersinn arbeiten.

3 Das entstandene Flechtwerk zum Kreis zusammenklappen, 2 blaue bzw. grüne Knüpfschnüre durch den Anfangsknoten ziehen und um 4 Leitschnüre (2 in Weiß und 2 in Orange bzw. 2 in Weiß und 2 in Schwarz) 6 blaue bzw. grüne Wellenknoten knüpfen.

4 Die 2 Knüpfbänder dicht am letzten Knoten mit 1 Überhandknoten versehen. Die Leitschnüre abschneiden, mit wenig Klebstoff fixieren und die blauen bzw. grünen Schnüre um den Schlüsselring zusammenknoten.

Anhänger in Orange-Weiß

1 Die orangefarbene Schnur mitteln, durch den Schlüsselring ziehen und die weiße Schnur, ebenfalls mittig, anknoten.

2 5 Reihen eckige Scoubidou, dann 4 Reihen runde Scoubidou mit 4 Bändern knüpfen. Diese Abfolge noch einmal wiederholen und weitere 5 Reihen eckige Scoubidou anschließen.

3 Vor dem Festziehen der letzten Reihe je 1 weiße und 1 orangefarbene Schnur quer zu den orangefarbenen Bändern einlegen. Nun mit 2 orangefarbenen Leitschnüren 10 Runden spiralförmige Scoubidou mit 8 Bändern knüpfen. Vor dem Festziehen der letzten Reihe etwas Klebstoff auftragen, festziehen und alle Fäden abschneiden.

Zickzack-Anhänger in Rosa-Gelb-Hellblau

1 Alle Schnüre mitteln, die gelbe und die blaue Schnur mit dem rosa Band zusammenbinden.

2 Mit dem rosa Band als Leitschnüre 11 Reihen spiralförmige Scoubidou mit 6 Bändern im Uhrzeigersinn arbeiten. Die Richtung wechseln und gegen den Uhrzeigersinn 11 weitere Reihen spiralförmige Scoubidou knüpfen.

3 Vor der letzten Runde etwas Klebstoff auftragen, die rosa Schnüre abschneiden und die restlichen mit 1 Überhandknoten zusammenfassen.

MATERIAL ZEHENSANDALEN

- 8 Scoubidoubänder in Rosa
- Silberdraht, ø 0,4 mm, 4 x 10 cm lang
- 2 Zehensandalen in Rosa

PRO SCHLANGE

- je 1 Scoubidouband in Grün und Grün transparent mit Glitter
- Scoubidouband in Grün, ca. 35 cm lang
- Scoubidouband in Rosa, 6 cm lang
- 2 Wackelaugen, ø 5 mm
- Gold- oder Silberdraht, ø 0,4 mm

FUSSBAND

- 3 Scoubidoubänder in Rosa transparent
- 15 Plastikperlen in Transparent, ø 6 mm

Schön am Fuß

→ Zehensandalen und Fußkettchen

Zehensandalen

1 Immer von hinten zur Spitze knüpfen. 1 Band anknoten und mit Klebstoff sichern. Den Steg mit Schlingenknoten bis zur vorderen Spitze einknüpfen, d. h., die Schnur in einem Bogen nach vorne legen, hinter dem Steg durchziehen und in gleichmäßigen Abständen wiederholen; die Schlingen befinden sich am unteren Rand.

2 Die Schnur muss auf jeder Stegseite einmal verlängert werden, dazu 2 Bänder mit 1 Weberknoten zusammenknüpfen. Diesen Knoten auf die Stegrückseite ziehen, d. h., den Knoten vor dem Festziehen positionieren.

3 Über dem Zehensteg vorne in der Mitte 2 Bandenden mit 1 Weberknoten zusammenfassen. In die Schnurreste von ca. 10 cm Länge Draht einziehen und über das Schaschlikstäbchen kräuseln.

Schlange

1 Die 2 langen Schnüre mittig zusammenknoten und die kurze grüne Schnur mittig durch den Knoten ziehen.

2 Für den Kopf 5 Reihen rechteckige Scoubidou mit 6 knüpfen, dabei die langen grünen Schnüre als Leitschnüre verwenden.

3 Für den Körper die 2 Glitterschnüre als Knüpfschnüre um die restlichen Schnüre als Leitschnüre legen. In 1 Leitschnur Draht ziehen.

4 Ca. 10 cm feste Weberknoten knüpfen. Die Leitschnüre bis auf den mit dem Draht abschneiden. Auf der Rückseite mit den 2 Knüpfschnüren 1 Weberknoten machen, mit Klebstoff fixieren.

5 Den überstehenden Bandrest mit Draht über ein Schaschlikstäbchen wickeln und kräuseln. Mit Hilfe einer Vorstechnadel das kurze rosafarbene Band als Zunge einziehen und mit Draht umwickeln. Die Augen aufkleben.

Fußband

1 Die 3 Schnüre parallel legen und nach 1 cm fest zusammenknoten. 1 Weberknoten aus 2 Knüpf- und 1 Leitschnur arbeiten. Die Leitschnur durch 1 Perle ziehen und wieder 1 Weberknoten fertigen. Auf diese Weise 5 Perlen einknüpfen.

2 Auf die Leitschnur 1 Perle und auf je 1 Knüpfschnur 2 Perlen ziehen und mit 1 Weberknoten die Blüte schließen. Die restlichen 5 Perlen einknüpfen, mit 1 Weberknoten schließen. Nach 2 cm 1 Überhandknoten und nach 1,5 cm 1 weiteren Überhandknoten knüpfen. Als Verschluss 1 Knoten zwischen den 2 anderen Knoten durchziehen.

Tipp:
Mit einem Nylonfaden befestigt, sehen die Schlangen auf den Zehensandalen besonders cool aus.

KNOTEN

- rechteckige Scoubidou mit 6
- Schlingenknoten
- Weberknoten

Frösche

→ quak!

MATERIAL KLEINER FROSCH

- 3 Scoubidoubänder in Grün transparent
- Silberdraht, ø 0,6 mm, 17 cm und 14 cm lang
- Schlüsselring, ø 1,5 cm
- Moosgummi in Hellgrün
- 2 Wackelaugen, ø 7 mm

GROSSER FROSCH

- 4 Scoubidoubänder in Grün transparent
- Silberdraht, ø 0,6 mm, 18 cm und 20 cm lang
- Krokodilklammer
- Moosgummi in Hellgrün
- 2 Wackelaugen, ø 1 cm

KNOTEN

- eckige Scoubidou mit 4
- rechteckige Scoubidou mit 6 und 8
- Weberknoten

Kleiner Frosch

1 Für Kopf, Hände und Füße Kartonschablonen anfertigen. Die Umrisse der Schablonen auf Moosgummi übertragen und ausschneiden. Das Gesicht mit Filzstift aufmalen und die Wackelaugen aufkleben. Von 1 Band 17 cm und von 1 anderen 14 cm abschneiden und jeweils Draht einziehen.

2 2 Schnüre mitteln und durch den Schlüsselring ziehen. Das 3. und längste Band mit 1 Weberknoten anknüpfen. Dieses bildet die Leitschnüre.

3 5 Reihen rechteckige Scoubidou mit 6 knüpfen. Vor dem Anziehen des nächsten Knotens die Arme (14 cm lang) parallel zu den Leitschnüren einlegen und den Knoten anziehen. 5 weitere Knoten rechteckige Scoubidou arbeiten, die Beine einlegen und 2 weitere Reihen knüpfen.

4 Bei der letzten Reihe die 2 mittleren Fäden nicht mitknüpfen, d.h. 1 Reihe eckige Scoubidou mit 4 Bändern knüpfen. Vor dem Anziehen etwas Klebstoff auftragen. Alle Schnüre abschneiden. Kopf, Füße und Hände ankleben.

Variation: Ein etwas kleinerer Frosch entsteht, wenn je eine Reihe weniger geknüpft wird.

Großer Frosch

1 Kopf, Hände und Füße wie beim kleinen Frosch fertigen.

2 Von 1 Schnur 18 cm und von 1 anderen 20 cm abschneiden und jeweils den passenden Draht einziehen. Diese 2 Bänder durch die Öse der Krokodilklammer ziehen, mitteln, die 2 längeren Schnüre ebenfalls mitteln und über die 4 Schnurenden anknüpfen. Mit 2 langen Schnüren als Leitschnüre 3 Reihen rechteckige Scoubidou mit 8 Bändern arbeiten. Die Arme nach 5 Reihen einlegen und 7 weitere Reihen arbeiten, die Beine einlegen und 2 weitere Reihen knüpfen.

3 Den letzten Arbeitsschritt wie beim kleinen Frosch arbeiten, also mit 1 rechteckigen Scoubidou mit 6 abschließen.

PAULS
PARTY !

Schmetterlinge

→ freundlich

MATERIAL
GELBER SCHMETTERLING

- Scoubidouband in Blau
- 2 Scoubidoubänder in Gelb
- Moosgummirest in Gelb
- Rohholzperle, ø 1,8 cm
- je 2 Holzperlen in Gelb, ø 8 mm, ø 1 cm und ø 1,2 cm
- Filzstift in Blau, Schwarz und Weiß
- Acrylfarbe in Beige
- Silberdraht, ø 0,6 mm, 2 x 4,5 cm, 11 cm und 15 cm lang

SCHMETTERLING IN BLAUWEISS

- je 1 Scoubidouband in Weiß und Hellblau
- Moosgummi in Weiß
- Rohholzperle, ø 1,8 cm
- 4 Holzperlen in Weiß, ø 1 cm
- 2 Holzperlen in Weiß, ø 8 mm
- Filzstift in Hellblau, Schwarz und Weiß
- Acrylfarbe in Beige
- Silberdraht, ø 0,6 mm, 2 x 4,5 cm, 9 cm und 11 cm lang

KNOTEN

- runde Scoubidou mit 4
- spiralförmige Scoubidou mit 6

Gelber Schmetterling

1 Der gelbe Schmetterling wird wie der blau-weiße gearbeitet, jedoch in Technik 4, spiralförmige Scoubidou mit 6 Bändern. Für Arme und Beine von dem blauen Band 11 cm und 15 cm abschneiden.

2 Für den Anfang 2 Schnüre durch den Kopf ziehen und die 3. Schnur unter dem Kopf anknoten. Die Leitschnüre sind blau, alle Knüpfschnüre gelb. In den ersten Runden nicht so fest anziehen, zum Schluss immer fester ziehen, so dass der Körper oben etwas dicker erscheint.

3 Die blaue Schnur auf Höhe der Beine abschneiden und noch 2 Knoten runde Scoubidou mit 4 machen. Ein Stück blaues Band dreimal um den Hals winden und hinten zusammenknoten.

Schmetterling in Blauweiß

1 Die Holzkugel beige grundieren und das Gesicht aufmalen. Von der blauen Schnur 9 cm (für Arme) und

11 cm (für Beine) abschneiden und den Draht einziehen.

2 Die 2 langen Schnüre mitteln und durch den Kopf ziehen. Die Schlinge in Blau 2 cm, die Schlinge in Weiß 4 cm überstehen lassen. Unter dem Kopf 2 Reihen runde Scoubidou knüpfen, die Arme vor dem Anziehen der nächsten Reihe einlegen und weitere 17 Runden bzw. 3,5 cm bis 4 cm knüpfen. Die Beine einlegen und 2 weitere Knoten knüpfen. Die Schnurenden mit Klebstoff fixieren und abschneiden.

3 Auf Arme und Beine die großen Perlen aufkleben. Für die Fühler die weiße Schlinge am Kopf aufschneiden, je ein 4,5 cm langes Drahtstück einziehen und die kleinen Perlen aufkleben.

4 Aus Karton eine Schablone fertigen und die Flügel ausschneiden. Die blauen Punkte mit Filzstift aufmalen und den Flügel auf die Rückseite des Schmetterlings kleben.

Nixe und Wassermann

→ fürs Badezimmer

MATERIAL

NIXE

- je 2 Scoubidoubänder in Blau und Weiß
- 2 Scoubidoubänder in Blau, 10 cm lang
- Rohholzperle, ø 2 cm
- 2 Holzperlen in Weiß, ø 1 cm
- Acrylfarbe in Hautfarbe und Weiß
- Langhaarplüsch in Weiß
- Silberdraht, ø 0,6 mm, 4 x 10 cm lang

WASSERMANN

- je 1 Scoubidouband in Blau transparent, Hellblau und Mittelblau
- 2 Scoubidoubänder in Blau transparent, 10 cm lang
- Rohholzperle, ø 2 cm
- halbierte Rohholzperle, ø 6 mm
- 2 Holzperlen in Weiß, ø 1 cm
- Acrylfarbe in Hautfarbe und Weiß
- Langhaarplüsch in Weiß
- Krokodilklammer an einem 8 cm langen Drahtstück, ø ca. 1 mm
- Silberdraht, ø 0,6 mm, 4 x 10 cm lang

KNOTEN

- runde Scoubidou mit 4
- spiralförmige Scoubidou mt 6 und 8

Nixe

1 Die große Holzperle hautfarben bemalen. Das Gesicht mit Filzstift aufzeichnen, die Wangen mit Buntstift röten und die Lichtpunkte in den Augen mit einem Drahtende und weißer Farbe setzen.

2 In die kurzen Bänder je ein Drahtstück einziehen.

3 2 weiße und 1 blaue Schnur mitteln und durch die Bohrung im Kopf ziehen. Das übrige blaue Band unter der Perle anknoten. 10 Reihen spiralförmige Scoubidou mit 8 Bändern knüpfen; 2 blaue Fäden dienen dabei als Leitfäden. Dabei nach der 1. Reihe die beiden Arme parallel zu den Leitschnüren einlegen.

4 Die 2 blauen Knüpfschnüre abschneiden, zuvor mit etwas Klebstoff sichern. 14 weitere Runden runde Scoubidou mit 6 arbeiten.

5 2 weiße Schnüre abschneiden und 6 Reihen runde Scoubidou mit 4 knüpfen.

6 In die blauen, ca. 10 cm langen Bandenden Draht einziehen und zu Flossen biegen. Die Enden überkreuzen, mit Klebstoff sichern und darüber die weißen Bänder zusammenknoten. Auf die Arme die Holzkugeln stecken. Als Haare ein Stück Langhaarplüsch (ca. 10 cm x 1,5 cm) ankleben.

Wassermann

1 Die große Holzperle hautfarben grundieren. Die halbierte Perle als Nase aufkleben, mit Filzstift die Augen aufzeichnen, die Wangen mit dem Buntstift röten. Mit einem Drahtende und weißer Farbe die Lichtpunkte in den Augen auftupfen.

2 Für die Arme in die kurzen Bänder die Drahtstücke einziehen. Die langen Bänder jeweils mitteln und 2 Bänder mit 1 zusammenknoten.

3 Die transparenten Bänder dienen als Leitschnüre. Im Uhrzeigersinn 4 Reihen spiralförmige Scoubidou mit 6 im Uhrzeigersinn knüpfen. Waagrecht die beiden Arme vor dem Festziehen der nächsten Reihe einlegen.

4 Anschließend 4 Reihen spiralförmige Scoubidou gegen den Uhrzeigersinn arbeiten. Diese Abfolge – 4 Reihen im, 4 Reihen gegen den Uhrzeigersinn – dreimal wiederholen.

5 In die transparenten Bandenden die beiden restlichen Drahtstücke einziehen, daraus die Schwanzflossen biegen und über Kreuz legen. Klebstoff auftragen und die übrigen Bandenden über den Flossenbändern zusammenknoten.

6 Auf die Arme die kleinen Kugeln kleben. Die Krokodilklammer am Draht durch den Kopf und in das Geflecht stecken. Rund um das Gesicht einen Streifen Langhaarplüsch, ca. 11 cm x 2,5 cm, ankleben und den Kopf mit Klebstoff auf dem Rumpf fixieren.

MATERIAL ANHÄNGER

- je 5 Scoubidoubänder in Weiß und Schwarz

MÄNNCHEN

- je 2 Scoubidoubänder in Schwarz und Weiß
- Rohholzperle, ø 2 cm
- Acrylfarbe in Hautfarbe und Weiß
- Abacafaser in Schwarz
- Rundholzstäbchen, ø 3 mm, 3 cm lang (zum Einkleben in die Holzperle)
- Silberdraht, ø 0,6 mm, 15 cm lang

KNOTEN

- runde Scoubidou mit 3, 4 und 5
- eckige Scoubidou mit 4
- spiralförmige Scoubidou mit 10
- rechteckige Scoubidou mit 8 und 10
- Wellenknoten

Schwarz-Weiß

→ Anhänger und Männchen

Anhänger

1 Der Anhänger wird von unten geknüpft. 3 weiße Schnüre mit 1 Überhandknoten zusammenhalten und 2,5 cm runde Scoubidou mit 3 Bändern knüpfen. Ebenso mit 3 schwarzen Bändern vorgehen. Die übrigen weißen und schwarzen Schnüre ebenso mit 1 Überhandknoten zusammenfassen und 2,5 cm runde Scoubidou mit 4 Bändern arbeiten.

2 Dann die 3 Stränge nebeneinander legen und aus ihnen mit 1 schwarzen und 1 weißen Schnur als Leitschnüre 8 Reihen rechteckige Scoubidou mit 10 Bändern arbeiten.

3 Den Strang in 2 Partien à 5 Bänder teilen und auf jeder Seite 10 Reihen runde Scoubidou mit 5 Schnüren knüpfen.

4 Wieder alle Schnüre zusammenfassen und 6 Reihen spiralförmige Scoubidou mit 10 Bändern knüpfen, vor der letzten Reihe etwas Klebstoff auftragen und 2 schwarze Schnüre abschneiden. 1 Knoten rechteckige Scoubidou mit 8 Bändern knüpfen. Wieder Klebstoff auftragen und 4 weitere Schnüre kürzen.

5 Mit den verbliebenen 4 Fäden (2 schwarze, 2 weiße) 4 Reihen runde Scoubidou fertigen. 4 schwarze Wellenknoten über 2 weißen Leitschnüren knüpfen. Die Leitschnüre abschneiden und mit Klebstoff fixieren.

6 Die 2 schwarzen Schnüre mit 1 Überhandknoten zusammenfassen. Die Überhandknoten an den drei Zipfeln lösen, den letzten Knoten jeweils mit Klebstoff bestreichen und eine letzte Runde knüpfen. Die Bänder fest anziehen und die Enden abschneiden.

Männchen

1 Die Holzperle hautfarben bemalen. Nach dem Trocknen mit feinem Filzstift und Buntstift das Gesicht aufmalen. Die Lichtpunkte in den Augen mit weißer Farbe und der Spitze eines Schaschlikstäbchens setzen.

2 Für ein Bein je 1 schwarzes und 1 weißes Band mitteln und zusammenknoten. 10 Reihen runde Scoubidou mit 4 knüpfen. Das andere Bein genauso arbeiten.

3 Alle Schnüre zusammenfassen und 7 Reihen eckige Scoubidou mit 4 (die Schnüre doppelt nehmen) arbeiten. Dabei für das Muster die weißen Schnüre links und die schwarzen rechts anordnen. Nach 2 Knoten mittig das Rundholzstäbchen mit einarbeiten, evtl. mit etwas Klebstoff sichern.

4 Die Schnüre wieder teilen und aus je 2 schwarzen und 2 weißen Bändern 10 Reihen runde Scoubidou mit 4 Bändern als Arme knüpfen, dabei vor der letzten Reihe etwas Klebstoff auftragen. Die Enden festziehen und abschneiden.

5 Die Abacafaser mit Draht mittig bündeln. Die Haare am Draht in die Bohrung der Holzperle ziehen. Die Drahtenden abschneiden und die Holzperle auf den Holzstab kleben.

Wilde Strolche

→ wuschelig

Strolch in Gelb-Violett

1 Die Krokodilklammer am dicken Draht befestigen. Die große Halbkugel als Kopf hautfarben grundieren, die halbe Perle als Nase in die Mitte kleben und das Gesicht mit feinem Filzstift aufzeichnen. Die Lichtpunkte in den Augen mit weißer Farbe und einem Drahtende setzen. Das Plüschstück um den Kopf kleben.

2 Die 2 langen Schnüre am Draht anknoten und um den Draht 1,5 cm runde Scoubidou mit 4 knüpfen. Das 8 cm lange, mit Draht bestückte Band vor dem Festziehen des nächsten Knotens als Arme einlegen und weitere 3 cm runde Scoubidou um den Draht arbeiten.

3 Für die Beine aus je 1 gelben und 1 violetten Bandende 5 Kettknoten knüpfen. Die 2 Schnurenden abschneiden und in die Holzfüße kleben. An den Armen je eine Holzkugel mit Klebstoff befestigen. Den Kopf etwa 5 mm oberhalb der Arme am Körper festkleben.

Strolch in Weiß-Violett

1 Schritt 1 wie beim Strolch in Gelb-Violett arbeiten.

2 Die 4 langen Schnüre mitteln und um den Draht mit der Krokoklammer knoten, so dass sich 8 Bänder ergeben. 2 weiße Bänder außen als Leitfäden, in der Abfolge 1 violette, 1 weiße und 1 violette je nach vorne und hinten als

MATERIAL STROLCH IN GELB-VIOLETT
- je 1 Scoubidouband in Gelb und Violett
- Scoubidouband in Violett, 8 cm lang
- Silberdraht, ø 0,6 mm, 8 cm lang
- Krokodilklammer
- Steckdraht, ø 1 mm, 7 cm lang
- Rohholzhalbkugel, ø 2,5 cm
- halbierte Rohholzperle, ø 5 mm
- 2 Rohholzperlen, ø 1 cm
- 2 Marionettenfüße, 2,5 cm lang
- Langhaarplüsch in Weiß, 6 cm x 1 cm
- Acrylfarbe in Hautfarbe und Weiß

STROLCH IN WEISS-VIOLETT
- je 2 Scoubidoubänder in Weiß und Violett
- je 1 Scoubidouband in Weiß und Violett, ca. 35 cm lang
- Krokodilklammer
- Steckdraht, ø 1 mm, 7 cm lang
- Rohholzhalbkugel, ø 2,5 cm
- halbierte Rohholzperle, ø 5 mm
- 2 Holzperlen in Weiß, ø 1 cm
- 2 Marionettenfüße, 2,5 cm lang
- Langhaarplüsch in Weiß, 6 cm x 1 cm
- Acrylfarbe in Hautfarbe und Weiß

STROLCH MIT ROTEN HAAREN
- 2 Scoubidoubänder in Dunkelviolett, je 50 cm lang
- 4 Scoubidoubänder in Hellviolett, je 50 cm lang
- Rohholzperle, ø 2 cm
- Rundholzstäbchen, ø der Kugelbohrung, ca. 4 cm lang
- 2 Wackelaugen, ø 4 mm
- halbierte Rohholzperle, ø 8 mm
- Langhaarplüsch in Rot, 5 cm x 1,5 cm
- 2 Rohholzperlen, ø 1 cm
- 2 Marionettenfüße, 2,5 cm lang
- Acrylfarbe in Schwarz

KNOTEN
- eckige Scoubidou mit 4
- rechteckige Scoubidou mit 6 und 8
- runde Scoubidou mit 3 und 4
- Kettknoten

Knüpfschnüre nehmen. Ca. 1,5 cm rechteckige Scoubidou mit 8 Bändern arbeiten, vor dem Festziehen des nächsten Knotens für die Arme die 2 35 cm langen Schnüre parallel zu den Leitschnüren einlegen. Weiter 2 cm rechteckige Scoubidou arbeiten.

3 Die 2 mittleren weißen Schnüre mit Klebstoff fixieren und beim nächsten Knoten rechteckige Scoubidou mit 6 Bändern nicht mehr mitknüpfen. In der nächsten Reihe eckige Scoubidou mit 4 Bändern 2 violette Schnüre mit Klebstoff fixieren und nicht mehr mitknüpfen.

4 Für die Beine aus je 1 weißen und 1 violetten Schnur pro Fuß 6,5 cm Kettknoten fertigen. Die Fäden auf gleicher Länge abschneiden und in die Füße kleben. Für die Arme mit den 2 Schnüren an jeder Seite je 4 Kettknoten arbeiten, die Fäden auf eine Holzkugel ziehen und festkleben. Den Kopf oberhalb der Arme anbringen.

Strolch mit roten Haaren

1 Die Marionettenfüße schwarz bemalen.

2 Erst die Beine knüpfen; dazu je 1 dunkel- und 2 hellviolette Schnüre in einen Fuß kleben und 7 Reihen runde Scoubidou mit 3 Bändern knüpfen.

3 Dann alle 6 Schnüre zusammenfassen und mit 2 hellen Leitschnüren 10 Reihen rechteckige Scoubidou fertigen. Die 2 dunklen Schnüre befinden sich in der Mitte. Gleichzeitig den Holzstab in der Mitte mit einknüpfen.

4 Für die Arme die Schnüre wieder teilen und je 6 Reihen runde Scoubidou mit 3 Schnüren arbeiten. Wenn möglich alle 3 Fäden in die Holzperle kleben. Ist die Bohrung zu klein, ein Bandende vor der Kugel abschneiden und mit Klebstoff fixieren.

5 Die Augen und die halbierte Perle als Nase auf den Kopf kleben. Den Mund aufmalen und den Plüsch als Haare ankleben. Den Kopf auf den Holzstab kleben.

Schmuck

→ Armband, Ohrringe und Anhänger

Armband

1 Als Leitschnüre je 25 cm pro Farbe abschneiden. Die 4 Bänder mit 1 festen Überhandknoten zusammenhalten.

2 Die kurzen Leitschnüre in der Mitte anordnen. Mit der rechten langen Schnur über die 2 gespannten kurzen Schnüre 1 Schlingenknoten gegenseitig arbeiten. Das Schnurende hängt nach rechts. Nun mit der linken langen Schnur über die 2 Leitschnüre 1 Schlingenknoten gegenseitig knüpfen. Das Schnurende hängt nach links. So immer fortfahren, bis die gewünschte Armbandlänge (nach ca. 15 Knoten auf jeder Seite) erreicht ist. Darauf achten, dass die Schlingen zwischen den einzelnen Knoten jeweils den gleichen Abstand haben.

3 Mit den 2 Leitschnüren nach ca. 2 cm 1 festen Überhandknoten legen. Mit den 2 Knüpffäden jeweils nur 1 einfachen Schlingenknoten arbeiten und diese 2 Schnüre auf der Rückseite mit 1 festen Weberknoten (aus 2 Schnüren) zusammenknüpfen und die Enden abschneiden. Evtl. noch mit wenig Klebstoff den Knoten fixieren. Als Verschluss wird in die

MATERIAL ARMBAND

- je 1 Scoubidouband in Lila transparent und Rosa

PRO OHRRING

- je 1 Scoubidouband in Lila transparent und Rosa
- versilberte Ohrfeder

ANHÄNGER

- je 1 Scoubidouband in Lila transparent und Rosa
- Schlüsselring, ø 2 cm

entstandene Schlinge der Überhandknoten vom Anfang eingehängt.

Ohrring

1 Die beiden Schnüre wie abgebildet durch die Öse am Ohrring ziehen.

2 Mit der rechten langen lila Schnur den 1. Knoten legen. Um einen Kreis zu erhalten, die Bögen zwischen den äußeren Knoten weiter spannen und die inneren Knoten dichter zusammenziehen. Mit jeder Farbe ca. 7 Knoten arbeiten.

3 Die 2 Leitfäden auf der Rückseite mit Hilfe einer Häkelnadel durch eine Schlinge ziehen und mit 1 festen Weberknoten fixieren. Mit den Knüpffäden ebenso verfahren, darauf achten, dass die 2 Weberknoten nicht auf der Vorderseite sichtbar sind. Die Knoten evtl. noch mit wenig Klebstoff fixieren.

Anhänger

Den Schlüsselanhänger wie die Ohrringe knüpfen. Insgesamt ca. 10 Knoten pro Seite arbeiten.

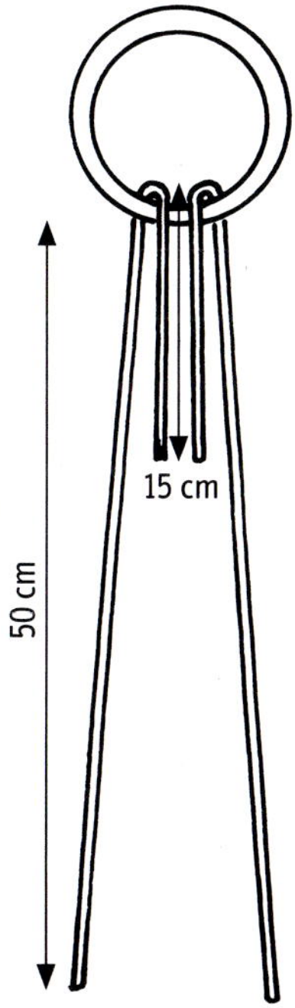

KNOTEN

- Weberknoten
- Schlingenknoten einfach
- Schlingenknoten gegenseitig im Wechsel

Schlüsselanhänger

→ schön groß

MATERIAL ANHÄNGER IN GRÜN-ROSA

- je 3 Scoubidoubänder in Grün und Rosa
- Plastikperle in Transparent, ø 1,2 cm
- Silberdraht, ø 0,4 mm, 4 x 10 cm lang
- Schlüsselring, ø 2,5 cm

ANHÄNGER IN GELB-BLAU-ROT

- je 2 Scoubidoubänder in Rot und Blau
- 4 Scoubidoubänder in Gelb
- 4 Plastikperlen in Blau, ø 8 mm
- Schlüsselring, ø 2,5 cm, mit Karabiner

KNOTEN

- runde Scoubidou mit 3 und 4
- spiralförmige Scoubidou mit 6 und 8
- eckige Scoubidou mit 3

Anhänger in Grün-Rosa

1 Es wird am unteren Ende begonnen. 2 rosafarbene und 2 grüne Schnüre nach ca. 10 cm zusammenbinden. 4 Reihen runde Scoubidou mit 4 knüpfen.

2 Je 1 grüne und 1 rosafarbene Schnur vor dem Festziehen der nächsten Reihe einlegen, so dass die Schnüre auf jeder Seite im Farbwechsel liegen: rosa, grün, rosa. Die Leitschnüre sind grün. 16 Reihen spiralförmige Scoubidou mit 8 Bändern arbeiten.

3 Die 2 grünen Schnüre in der Mitte durch die Perle ziehen und rechts und links von der Perle je einen Strang aus 5 Reihen eckige Scoubidou mit 3 Bändern knüpfen.

4 Alle Schnüre wieder zusammenfassen und eine Reihe spiralförmige Scoubidou mit 8 Bändern knüpfen. 2 grüne Schnüre in der Mitte abschneiden und mit Klebstoff fixieren. 7 weitere Reihen spiralförmige Scoubidou mit 6 Bändern knüpfen. Auf die vorletzte Reihe Klebstoff streichen, die Schnüre fest anziehen und bis auf 2 Schnüre, die mit 1 Überhandknoten am Ring angeknüpft werden, alle anderen abschneiden.

5 Den Anfangsknoten lösen und in die 4 Enden die Drahtstücke einziehen und über einem Schaschlikstäbchen kräuseln

Anhänger in Gelb-Blau-Rot

1 Begonnen wird am unteren Ende. Alle 8 Bänder auf der Höhe von 10 cm mit 1 Überhandknoten zusammenfassen. 4,5 cm spiralförmige Scoubidou mit 8 Bändern arbeiten, die Leitschnüre sind gelb, daneben je 1 blaue Schnur.

2 Dann die Bänder teilen und je aus 2 gelben, 1 roten und 1 blauen Schnur 3,5 cm runde Scoubidou mit 4 fertigen.

3 Wieder alle Fäden zusammenfassen und 4,5 cm spiralförmige Scoubidou mit 8 Schnüren wieder mit gelben Leitschnüren knüpfen; dabei aber je 1 roten Faden direkt neben die Leitschnüre legen.

4 Klebstoff auf das Geflecht auftragen und 2 weitere Reihen runde

Scoubidou mit 4 mit den gelben Schnüren knüpfen. Die rote und die blaue Schnur abschneiden. Mit 1 weiteren Knoten runde Scoubidou den Schlüsselring anknüpfen, die blauen Perlen auf die Enden fädeln und jeweils mit 1 Überhandknoten sichern.

5 Auf der anderen Seite den Überhandknoten vom Anfang lösen, Klebstoff vor jeder Reihe auf das Geflecht auftragen, 1 Reihe spiralförmige Scoubidou mit 8 Bändern knüpfen und die 2 roten Schnüre nicht mehr mitknüpfen. Wieder Klebstoff auftragen, 1 Reihe spiralförmige Scoubidou mit 6 Schnüren knüpfen, fest anziehen, 1 Knoten aus 4 Schnüren arbeiten und alle Schnüre abschneiden.

Gürtel und Armband

→ trendy

MATERIAL GÜRTEL IN ROT-BLAU

- je 2 Jumbo-Scoubidoubänder in Blau und Rot, 2 m lang

GÜRTEL IN BLAU-GELB

- je 2 Jumbo-Scoubidoubänder in Blau und Gelb, 2 m lang

ARMBAND

- je 2 Scoubidoubänder in Rot transparent und Blau transparent
- Verschluss in Silber, ø 5 mm

KNOTEN

- Weberknoten
- Rundkordel
- Schlingenknoten gegenseitig im Wechsel
- Wellenknoten

Gürtel in Rot-Blau

1 Alle 4 Schnüre mit 1 lockeren Überhandknoten zusammenfassen (wird später wieder geöffnet) und 14 Schlingenknoten gegenseitig im Wechsel knüpfen, dann 18 cm bis 20 cm Rundkordel knüpfen und weitere 14 Schlingenknoten gegenseitig im Wechsel fertigen.

2 Den Knoten vom Anfang wieder öffnen. Als Verschluss 1 Weberknoten ohne Leitschnüre aus zweimal 4 Knüpfschnüren binden. Dieser Knoten kann zum An- und Ausziehen geöffnet und wieder geschlossen werden.

Gürtel in Blau-Gelb

1 Alle 4 Schnüre mit 1 lockeren Überhandknoten (wird später wieder geöffnet) zusammenfassen. Aus 2 blauen Knüpf- über 2 gelben Leitschnüren 1 Weberknoten arbeiten. Die Knüpffäden als Leitschnüre zur Mitte legen und dahinter die gelben Schnüre zu 1 Weberknoten legen. Darauf achten, dass die blauen Schnüre beim Farbwechsel immer oben liegen. Zwischen den Knoten etwas Abstand lassen und insgesamt ca. 16 Wechsel vornehmen (16 blaue und 16 gelbe Weberknoten).

2 Nach Bedarf die Schnurenden zuschneiden. Den Verschluss wie beim anderen Gürtel arbeiten.

Armband

1 Die Schnüre halbieren. Die 4 Schnurenden in den Verschluss kleben und vor dem Weiterknüpfen gut trocknen lassen.

2 Aus 2 blauen Leit- und 2 roten Knüpfschnüren 5 Wellenknoten arbeiten. Die Knüpfschnüre zur Mitte nehmen, dahinter die blauen Schnüre nach außen nehmen und 1 blauen Weberknoten fertigen. Die blauen Knüpfschnüre wieder hinter die roten legen. Mit den roten Schnüren wieder 5 Wellenknoten fertigen. Zwischen den Knotenwechseln jeweils ca. 1 cm Abstand lassen. Wiederholen bis die gewünschte Länge des Armbands erreicht ist.

3 Die Schnurenden ca. 1 cm nach dem letzten Knoten abschneiden und in das zweite Verschlussteil kleben.

Armbänder und Schlüsselanhänger

→ schrill

MATERIAL SCHLÜSSELANHÄNGER

- je 1 Scoubidouband in Neongelb und Neonrosa mit Glitter, 50 cm lang
- 8 Plastikperlen in Gelb transparent, ø 8 mm
- Schlüsselring, ø 1,8 cm

ARMBAND IN NEONGELB-ORANGE

- je 2 Scoubidoubänder in Neongelb und Neonorange mit Glitter
- Verschluss in Silber, ø 3 mm
- 8 Plastikperlen in Gelb transparent, ø 8 mm
- Plastikperle in Gelb transparent, ø 1,2 cm

ARMBAND IN ORANGE UND GELB

- je 2 Scoubidoubänder in Orange und Gelb
- Verschluss in Silber, ø 3 mm
- 9 Plastikperlen in Orange transparent, ø 8 mm

KNOTEN

- runde Scoubidou mit 4
- eckige Scoubidou mit 4
- Wellenknoten

Schlüsselanhänger

1 Die rosa Schnur mittig über den Schlüsselring legen und die gelbe Schnur anknoten.

2 4 Reihen runde Scoubidou mit 4 knüpfen. Jedes Schnurende durch eine Plastikperle ziehen.

3 Mit den rosafarbenen Bändern als Knüpfschnüre über die gelben Bänder als Leitschnüre 6 Wellenknoten arbeiten.

4 Wieder auf jede Schnur eine Plastikperle ziehen und weitere 8 Reihen runde Scoubidou fertigen. Vor der letzten Reihe etwas Klebstoff auftragen, die Schnüre fest anziehen und abschneiden.

Armband in Neongelb-Orange

1 Alle 4 Schnüre in ein Verschlussteil kleben, trocknen lassen und nach 1 cm ca. 25 Runden bzw. 5 cm runde Scoubidou mit 4 knüpfen.

2 Jedes Schnurende durch eine kleine Perle ziehen und mit den gelben Bändern als Knüpfschnüre 6 Wellenknoten arbeiten. 1 der 2 orangefarbenen mittleren Leitschnüre durch die große Perle ziehen und weitere 6 Wellenknoten fertigen.

3 Auf jedes Band wiederum eine kleine Perle fädeln und 5 cm runde Scoubidou arbeiten. Abschließend nach 1 cm das zweite Verschlussteil festkleben.

Armband in Orange und Gelb

1 Beginn wie beim neonfarbenen Armband, jedoch nach 8 Runden bzw. 2 cm runde Scoubidou im Uhrzeigersinn, 4 Reihen eckige Scoubidou mit 4 arbeiten. Weitere 2 cm runde Scoubidou fertigen, jedoch in entgegengesetzter Richtung, also gegen den Uhrzeigersinn.

2 Auf jedes Band je eine Perle aufziehen, 6 Wellenknoten arbeiten, dabei den 1. Knoten mit der rechten orangefarbenen Schnur als Knüpfschnur beginnen. Die 2 gelben Schnüre durch eine Perle ziehen, die orangefarbenen seitlich an der Perle vorbeiführen und 6 weitere Wellenknoten, beginnend mit der linken orangefarbenen Schnur, knüpfen.

3 Wieder vier Perlen aufziehen, 2 cm runde Scoubidou gegen den Uhrzeigersinn, 4 Reihen eckige Scoubidou und wieder 2 cm runde Scoubidou im Uhrzeigersinn arbeiten. Nach 1 cm den Verschluss festkleben.

MATERIAL
SPINNE

- 4 Scoubidoubänder in Grün transparent
- 2 Wackelaugen, ø 6 mm
- 8 Perlen in Schwarz, ø 6 mm
- Silberdraht, ø 0,6 mm, 4 x 18 cm lang (Beine)

HEUSCHRECKE

- 2 Scoubidoubänder in Grün transparent
- Scoubidouband in Weiß
- 2 Holzperlen in Hellgrün, ø 6 mm
- 2 Holzperlen in Dunkelgrün, ø 8 mm
- Silberdraht, ø 0,6 mm, 20 cm (Hinterbeine), 2 x 12 cm (Vorderbeine), 2 x 6,5 cm (Fühler) und 2 cm lang (Augen verbinden)

Heuschrecke und Spinne

→ was krabbelt denn da?

Spinne

1 Für die Beine von jeder Schnur 18 cm abschneiden und je ein Drahtstück einziehen.

2 Von den langen Schnüren 2 Bänder mitteln und die 2 anderen in der Mitte anknoten. 6 Reihen runde Scoubidou mit 4 Bändern knüpfen, dabei die Bänder doppelt nehmen. Vor dem Abschneiden der Bänder die letzte Reihe (Kopf) mit wenig Klebstoff fixieren.

3 Mit Hilfe einer Vorstechnadel durch den 3. und 4. Knoten je 2 Beinschnüre stecken. Auf jedes Schnurende eine Perle kleben.

4 Zuletzt die Beine zurechtbiegen und die Augen aufkleben.

Heuschrecke

1 Für die Beine von 1 grünen Schnur 20 cm, von der anderen 2 Stücke à 12 cm abschneiden. Die entsprechenden Silberdrahtstücke einziehen.

2 1 lange grüne Schnur in der Mitte der anderen langen Schnur anknoten und 2 Reihen eckige Scoubidou mit 4 knüpfen. Die weiße Schnur einlegen und mit 2 grünen Schnüren als Leitschnüre 4 Reihen rechteckige Scoubidou mit 6 Bändern arbeiten. Vor dem Festziehen der nächsten Reihe die 20 cm lange Schnur einlegen, nach 2 Reihen eine 12 cm lange Schnur und nach weiteren 2 Reihen wieder eine 12 cm lange Schnur einfügen. Nochmals 2 Reihen arbeiten und 2 grüne Schnüre abschneiden.

3 Aus 2 weißen Knüpf- über 2 grünen Leitschnüren 6 Weberknoten fertigen. Für den Kopf das mit den Weberknoten geknüpfte Stück nach oben umbiegen und die 2 weißen Schnüre vor dem 1. Weberknoten an der Heuschreckenunterseite zusammenknoten.

4 Als Fühler die 2 grünen Schnüre nach je 6,5 cm abschneiden, jeweils ein Drahtstück einziehen und je eine hellgrüne Holzperle auf das Schnurende kleben. Das 2 cm lange Drahtstück durch den Kopf stecken und auf jedes Drahtende eine dunkelgrüne Perle als Auge kleben. Beine und Fühler wie abgebildet zurechtbiegen.

KNOTEN

- runde Scoubidou mit 4
- rechteckige Scoubidou mit 6
- eckige Scoubidou mit 4
- Weberknoten

Zapfen und Zickzack

→ Anhänger und Kugelschreibermännchen

Kulimännchen

1 Die Holzperle hautfarben bemalen und nach dem Trocknen mit Filzstift und Buntstift das Gesicht aufzeichnen. Die Lichtpunkte in den Augen mit weißer Farbe und einer Drahtspitze setzen.

2 Alle 6 Schnüre durch die Bohrung der Holzperle ziehen, so dass die Enden ca. 10 cm überstehen. Um die Kugelschreibermine 6 Reihen spiralförmige Scoubidou mit 6 im Uhrzeigersinn knüpfen, dabei dienen die violetten Schnüre als Leitschnüre. Anschließend 6 Reihen spiralförmige Scoubidou gegen den Uhrzeigersinn arbeiten. Diese Abfolge so lange wiederholen, bis nur noch die Minenspitze sichtbar ist.

3 Auf die vorletzte Reihe Klebstoff auftragen, die letzte Reihe fest anziehen und die Enden abschneiden.

4 Als Haare in die Schnurenden den Draht einziehen. Die Locken um ein Schaschlikstäbchen drehen. Überstehende Enden abschneiden.

Zickzack-Anhänger

1 Alle Schnüre mit einem Überhandknoten zusammenbinden. Der Musterwechsel kommt wie bei dem Kulimännchen zustande, jedoch werden spiralförmige Scoubidou mit 6 im Wechsel jeweils 7 Reihen im und 7 Reihen gegen den Uhrzeigersinn gearbeitet. Vor der letzten Reihe etwas Klebstoff auftragen, 2 Schnüre nicht mehr mitknüpfen und die restlichen 4 mit einem kurzen Bandstück abbinden.

2 Auf der gegenüberliegenden Seite den Überhandknoten lösen, Klebstoff auftragen, 2 Schnüre abschneiden, 2 Reihen runde Scoubidou mit 4 knüpfen. Auf die vorletzte Reihe wieder Klebstoff streichen und alle Fäden abschneiden.

Zapfenanhänger

1 Die 2 weißen und rosafarbenen Schnüre mit dem blauen, 20 cm langen Schnurrest nach ca. 8 cm mit 1 Kapuzinerknoten abbinden.

2 4 Reihen runde Scoubidou mit 4 knüpfen. Vor dem Anziehen der letzten Reihe die lange violette Schnur quer zu den rosafarbenen Leitschnüren einlegen. 9 Reihen spiralförmige Scoubidou mit 6 knüpfen.

3 Vor dem Anziehen der 9. Reihe die blaue Schnur ebenfalls quer einlegen. Die Leitschnüre bleiben weiterhin die rosafarbenen. 12 Reihen spiralförmige Scoubidou mit 8 Bändern knüpfen.

4 Vor dem Anziehen der 12. Reihe die kurze violette Schnur quer außen neben die weißen Schnüre einlegen. 6 weitere Reihen spiralförmige Scoubidou jetzt mit 10 knüpfen. Auf die vorletzte Reihe Klebstoff auftragen, 6 Bänder hängen lassen und 1 Reihe runde Scoubidou mit 4 arbeiten. Bis auf 2 blaue alle Schnüre abschneiden, die blauen an den Ring knoten. In die 4 Enden vom Anfang Draht einstecken und über einem Schaschlikstäbchen kräuseln.

MATERIAL KULIMÄNNCHEN

- je 2 Scoubidoubänder in Weiß, Violett und Rosa
- Kugelschreibermine
- Rohholzperle, ø 2,5 cm
- Acrylfarbe in Hautfarbe und Weiß
- Silberdraht, ø 0,4 mm, 6 x 10 cm lang

ZICKZACK-ANHÄNGER

- je 2 Scoubidoubänder in Weiß, Violett und Rosa

ZAPFEN-ANHÄNGER

- je 2 Scoubidoubänder in Weiß und Rosa
- je 1 Scoubidouband in Violett, 80 cm, Blau, 60 cm, Violett, 40 cm, und Blau, 20 cm lang (abbinden)
- Silberdraht, ø 0,4 mm, 4 x 10 cm lang
- Schlüsselring, ø 2,5 cm

KNOTEN

- runde Scoubidou mit 4
- spiralförmige Scoubidou mit 6, 8 und 10
- Kapuzinerknoten

Schlüsselanhänger

→ gehen schnell

MATERIAL ANHÄNGER IN SCHWARZ-ORANGE

- Scoubidouband in Orange transparent
- Scoubidouband in Schwarz, ca. 40 cm lang
- je 2 Perlen in Schwarz, ø 8 mm und ø 6 mm
- Schlüsselring, ø 2,5 cm

ANHÄNGER IN SCHWARZGRÜN

- Scoubidouband in Grün transparent
- Scoubidouband in Schwarz, ca. 60 cm lang
- Schlüsselring, ø 2,5 cm

ANHÄNGER IN TÜRKIS

- 2 Scoubidoubänder in Türkis, 1 m lang
- 8 Plastikperlen in Türkis, ø 8 mm
- Karabiner

KNOTEN

- Weberknoten
- Feigenknoten
- Kapuzinerknoten

Anhänger in Schwarz-Orange

1 Die schwarze Schnur mitteln und am Ring einhängen. Darüber die orangefarbene Schnur, ebenfalls gemittelt, einhängen (siehe Zeichnung Seite 5).

2 1 Feigenknoten beginnend mit 1 Weberknoten, 5 Flechtknoten wechselnder Breite und wieder 1 Weberknoten arbeiten. Die schwarze Schnur dient als Leit- und die orangefarbene als Knüpfschnur. Die 2 orangefarbenen Schnüre durch je eine kleine Perle ziehen und 1 weiteren Feigenknoten knüpfen.

3 Mit den 2 orangefarbenen Schnüren direkt nach dem letzten Weberknoten 1 festen Überhandknoten binden und die Schnüre abschneiden. Auf die 2 schwarzen Schnüre nach ca. 4 cm eine große Perle ziehen und ebenfalls mit einem Überhandknoten sichern.

Anhänger in Schwarzgrün

1 Die Bänder wie beim Anhänger in Schwarz-Orange im Schlüsselring einhängen und 1 Feigenknoten aus 1 Weber-, 6 Flecht- und wieder 1 Weberknoten knüpfen. Die Knüpfschnüre zur Mitte legen und mit den schwarzen Schnüren darüber 1 Weberknoten knüpfen.

2 Nun die schwarzen Schnüre wieder zur Mitte legen und mit den grünen Schnüren 1 kleinen Feigenknoten aus 1 Weber-, 4 Flecht- und 1 Weberknoten arbeiten.

3 Die Knüpfschnüre mit 1 Überhandknoten verknoten und die schwarzen Bandenden nach ca. 4 cm mit je 1 Kapuzinerknoten versehen.

Anhänger in Türkis

1 1 Band mittig durch den Karabiner ziehen und das andere mit 1 Weberknoten anknüpfen.

2 Die 2 Knüpfschnüre jeweils durch eine Perle ziehen. 1 kleinen Feigenknoten aus 1 Weber-, 5 Flecht- und wieder 1 Weberknoten arbeiten.

3 Die 2 äußeren Schnüre wieder durch je eine Perle ziehen und 1 großen Feigenknoten aus 1 Weber-, 7 Flecht- und 1 Weberknoten knüpfen. Mit dem längsten Faden über allen Fäden abbinden. Auf jedes Bandende eine Perle ziehen und mit 1 Überhandknoten sichern.

Tipp: Wenn die Knüpfschnur gegen Ende zu kurz wird, machst du den letzten Knoten einfach etwas kleiner.

Herzen

→ für ganz liebe Menschen

MATERIAL ROTES HERZ

- je 1 Scoubidouband in Rot und Rot transparent
- Plastikperle in Rot transparent, ø 8 mm
- Silberdraht, ø 0,4 mm, 15 cm lang

HERZ IN VIOLETT

- 2 Scoubidoubänder in Violett
- Scoubidouband in Violett, ca. 30 cm lang (zum Abbinden)
- Plastikperle in Lila, ø 8 mm
- Silberdraht, ø 0,4 mm, 15 cm lang
- Handy-Öse zum Ankleben

HERZ IN GRÜN-ORANGE

- 2 Scoubidoubänder in Grün
- Scoubidouband in Orange
- 4 Plastikperlen in Transparent, ø 8 mm
- Silberdraht, ø 0,4 mm, 15 cm lang

KNOTEN

- runde Scoubidou mit 4
- Weberknoten
- Kapuzinerknoten

Rotes Herz

1 Die 2 Schnüre mittig zusammenknoten und 2 Knoten runde Scoubidou mit 4 knüpfen. Dann den Draht in die Mitte stecken und jeden weiteren Knoten um die Drahtmitte arbeiten. Insgesamt 6 Knoten arbeiten.

2 Jetzt für die Knickstelle des Herzbogens 1 Weberknoten aus 2 Bändern als Knüpfschnüre über den Draht als Leitschnur fertigen. Die 2 anderen Schnüre hängen lassen. Das Knüpfstück am Weberknoten knicken (siehe Skizze), so dass der Weberknoten an der Außenseite entlang läuft.

3 Die 4 Bänder wieder zusammennehmen und weiter ca. 15 Reihen runde Scoubidou arbeiten, bis etwa noch die halbe Länge der Bänder übrig ist.

4 Für die Knickstelle an der Spitze mit 2 Schnüren 1 weiteren Weberknoten über den Draht als Leitschnur knüpfen. Dabei darauf achten, dass die Bänder genommen werden, die sich auf der Außenseite des Herzens befinden. Das Knüpfstück abknicken und weitere 15 Runden arbeiten.

5 Für die Knickstelle am gegenüberliegenden Herzbogen wie zuvor mit den äußeren 2 Fäden wieder 1 Weberknoten arbeiten und 6 Reihen runde Scoubidou knüpfen. Den Draht abschneiden. Die Fäden mit Hilfe einer Vorstechnadel durch die Anfangsschlinge stecken und 2 Fäden nach oben und 2 Fäden nach unten führen. Die oberen Fäden dienen als Aufhängung, die 2 unteren zusammenknoten und auf ein Fadenende eine Plastikperle kleben.

Herz in Violett

1 Das kleine violette Herz wie das große rote knüpfen, jedoch bereits nach 4 bzw. 6 Knoten die Weberknoten arbeiten.

2 Nachdem das Herz geschlossen wurde, die Perle auf 1 Schnurende kleben. Die restlichen 3 Schnüre nach oben nehmen und mit dem 30 cm langen Band mit 1 Kapuzinerknoten abbinden. Nach weiteren 4 cm nochmals mit dem längsten Bandende abbinden. Die Handy-Öse extra mit der Restschnur anknoten.

Herz in Grün-Orange

1 Auch dieses Herz wie die anderen arbeiten, jedoch nach 6 bzw. 11 Knoten die Weberknoten arbeiten.

2 Nach dem Zusammenfügen alle 4 Bänder in die Herzmitte ziehen und mit der restlichen Schnur über diese 4 Bandenden 1 Weberknoten arbeiten. Die 2 orangefarbenen Schnüre direkt unterhalb des Weberknotens abschneiden.

3 Auf die restlichen 4 hellgrünen Schnüre je 1 Perle ziehen und mit 1 Überhandknoten sichern.

X = Weberknoten

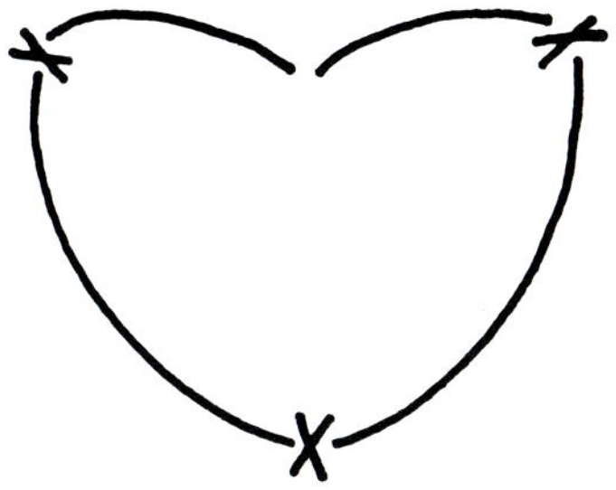

Schlüsselanhänger und Armband

→ raffiniert geschlungen

MATERIAL

ANHÄNGER

- je 1 Scoubidouband in Orange, Rosa und Violett transparent
- 3 Plastikperlen in Violett, ø 8 mm
- Schlüsselring, ø 2 cm

ARMBAND

- je 1 Scoubidouband in Orange, Rosa und Violett transparent
- Scoubidouband in Orange transparent, 60 cm lang
- versilberter Verschluss, ø 1 cm

KNOTEN

- Weberknoten
- flämischer Knoten
- Kapuzinerknoten

Anhänger

1 Die 3 Bänder so über den Metallring ziehen, dass an einer Seite 20 cm und an der anderen Seite 60 cm Schnur überstehen. Mit dem 20 cm langen Bandende in Violett die restlichen Schnüre mit 1 Kapuzinerknoten abbinden. Das Bandende auf der Rückseite fest verknoten. Alle Schnüre nochmals gut nachziehen. Die 2 kurzen Schnurstücke knapp unterhalb der Abbindestelle abschneiden.

2 Aus den 3 langen Schnüren 3 flämische Knoten legen. Unbedingt darauf achten, dass die Schnüre sich dabei nicht verdrehen. Die Knoten locker aneinander anschließen.

3 Die Schnurenden nach ca. 5 cm mit je einer Perle versehen, evtl. mit Klebstoff fixieren.

Armband

1 Die 60 cm lange Schnur mitteln, sie dient als Leitfaden. Daran mit 1 Weberknoten die violette Schnur anknüpfen, anschließend das rosafarbene und das orangefarbene Band ebenfalls mit je 1 Weberknoten befestigen. Jetzt befinden sich auf jeder Seite der Leitschnur 3 Bänder.

2 Mit den 2 rosafarbenen Schnüren einen gleichmäßigen Bogen legen und unter den orangefarbenen Weberknoten 1 Weberknoten in Rosa knüpfen. Mit den violetten Schnüren ebenfalls einen Bogen legen und unter dem rosafarbenen Knoten anknüpfen.

3 Mit den rosafarbenen Bändern hinter den violetten Bändern einen Bogen legen und 1 weiteren Weberknoten arbeiten. Nun mit den orangefarbenen Schnüren hinter den rosafarbenen und violetten Schnüren einen Bogen legen und mit 1 Weberknoten anknüpfen. Ab Schritt 2 viermal wiederholen.

4 Einen Bogen aus den rosafarbenen Schnüren legen, mit 1 Weberknoten anknüpfen, anschließend einen Bogen aus den violetten Schnüren ebenfalls mit 1 Weberknoten anknüpfen. Mit dem längsten orangefarbenen Faden über allen Fäden mit 1 Kapuzinerknoten abbinden, die Schnüre gleichmäßig ziehen und nach 1 cm in die Verschlussöffnung kleben.

Mini-Blumenampeln

→ im Retro-Look

MATERIAL MINIAMPEL MIT BLÜTEN

- je 2 Scoubidoubänder in Rosa und Dunkelviolett transparent
- 8 Holzperlen in Rosa, ø 6 mm
- Mini-Tontopf, ø 3,5 cm
- Acrylfarbe in Lila

MINIAMPEL MIT WÜRMCHEN

- je 2 Scoubidoubänder in Rosa und Violett
- Mini-Tontopf, ø 3,5 cm
- Acrylfarbe in Pink
- evtl. 1 Scoubidouband in Violett zusätzlich (für die Mittelstange)
- evtl. Blumensteckdraht, ø 1 mm, ca. 10 cm lang (für die Mittelstange)

WÜRMCHEN

- Scoubidouband in Grün transparent, ca. 30 cm lang
- Holzperle in Grün, ø 1,2 cm
- Acrylfarbe in Weiß
- Silberdraht, ø 0,4 mm, 30 cm lang

KNOTEN

- runde Scoubidou mit 4
- Kettknoten
- Kapuzinerknoten

Miniampel mit Blüten

1 Den Tontopf lila bemalen.

2 Die Ampel von oben nach unten arbeiten. Die 2 lilafarbenen Schnüre mitteln und mittig die 2 Bänder in Rosa anknoten. 10 Reihen runde Scoubidou mit 4 arbeiten (dazu je 2 Schnüre gleicher Farbe zusammennehmen).

3 Aus je 2 gleichfarbenen Fäden 8 Kettknoten arbeiten. Die Schnüre spannen und nach knapp 2 cm versetzt je 1 rosa- und 1 lilafarbene Schnur mit 1 Überhandknoten zusammenknüpfen.

4 Die Bänder nach 2 cm mit dem längsten Faden mit 1 Kapuzinerknoten abbinden. Auf jedes Bandende eine Perle ziehen und evtl. mit Klebstoff fixieren. Das Töpfchen in die Blumenampel setzen.

Miniampel mit Würmchen

1 Diese Ampel genauso wie die andere arbeiten, jedoch je 2 Bänder unterschiedlicher Farbe zusammennehmen, bei den Kettknoten je 1 rosafarbene und 1 violette Schnur verwenden und 10 Kettknoten arbeiten.

2 Als Abschluss werden statt der Perlen nur Überhandknoten gearbeitet.

3 Um das Töpfchen an seinem Platz zu halten, evtl. noch eine Drahtstütze, die mit einer violetten Schnur umwickelt wurde, in die Mitte spannen.

Würmchen

1 Den Draht in die Schnur schieben. Die Schnur zu einer Schlinge legen, eine Seite 10 cm lang, die andere Seite 20 cm lang.

2 Das Gesicht auf die Holzperle malen.

3 Die Schlinge durch die Holzperle ziehen, so dass das kurze Bandende in der Perle verschwindet. Evtl. mit Klebstoff fixieren. Für die Fühler die Schlinge aufschneiden. Jedes Schnurende über ein Schaschlikstäbchen kräuseln und vorsichtig abziehen. Den Körper über einen Bleistift wickeln und abziehen.

MATERIAL

- je 1 Scoubidouband in Rot, Blau und Gelb
- Scoubidouband in Blau, 1 x 10 cm und 2 x 30 cm lang
- Rohholzperle, ø 2,5 cm
- Acrylfarbe in Weiß und Hautfarbe
- Silberdraht, ø 0,4 mm, 8 x 5 cm, und ø 0,6 mm, 2 x 8 cm lang

KNOTEN

- runde Scoubidou mit 3
- rechteckige Scoubidou mit 6
- Kettknoten
- Weberknoten

Männchen

→ cool

Abbildung auch auf Seite 1.

1 Die Holzperle hautfarben grundieren und nach dem Trocknen mit Filzstift, Buntstift und weißer Acrylfarbe das Gesicht aufmalen. Die 3 langen Schnüre mitteln und durch die Bohrung der Holzkugel ziehen, so dass oben Schlaufen von 3 cm bis 4 cm Länge überstehen. Die Schlaufen aufschneiden. Das 10 cm lange Schnurstück ebenfalls mitteln und mit Hilfe der Vorstechnadel von oben in die Bohrung stecken, mit etwas Klebstoff sichern. In jedes Schnurende ein Stück Draht stecken und über ein Schaschlikstäbchen zu Locken drehen.

2 Unter dem Kopf 12 Reihen rechteckige Scoubidou mit 6 knüpfen. Die gelben Schnüre dienen als Leitfäden, die 2 roten Bänder liegen auf einer, die 2 blauen auf der anderen Seite.

3 Für die Beine die Schnüre teilen und aus je 1 blauen, 1 gelben und 1 roten Schnur 16 Runden runde Scoubidou mit 3 Bändern knüpfen. Dabei nach dem 2. Knoten ein Drahtstück in die Mitte stecken. Für die Füße den Draht 90 Grad nach vorne knicken und mit 1 gelben Leitschnur 2 Weberknoten über den Draht knüpfen. Die Leitschnur nach unten legen, etwas Klebstoff anbringen und an der Unterseite mit 1 weiteren festen Weberknoten abschließen.

4 Für die Arme unterhalb des Kopfes beidseitig in eine seitliche Schlaufe je 1 30 cm lange blaue Schnur einziehen, mitteln und je 4 Kettknoten knüpfen. 1 Schnurende auf Hüfthöhe nach hinten in eine Schlaufe einziehen und 1 Weberknoten aus 2 Schnüren knüpfen. Den Knoten mit etwas Klebstoff sichern. Schnüre und Draht abschneiden.

IMPRESSUM

FOTOS: frechverlag GmbH, 70499 Stuttgart; Fotostudio Ullrich & Co., Renningen
DRUCK: frechdruck GmbH, 70499 Stuttgart

Materialangaben und Arbeitshinweise in diesem Buch wurden von der Autorin und den Mitarbeitern des Verlags sorgfältig geprüft. Eine Garantie wird jedoch nicht übernommen. Autorin und Verlag können für eventuell auftretende Fehler oder Schäden nicht haftbar gemacht werden. Das Werk und die darin gezeigten Modelle sind urheberrechtlich geschützt. Die Vervielfältigung und Verbreitung ist, außer für private, nicht kommerzielle Zwecke, untersagt und wird zivil- und strafrechtlich verfolgt. Dies gilt insbesondere für eine Verbreitung des Werkes durch Fotokopien, Film, Funk und Fernsehen, elektronische Medien und Internet sowie für eine gewerbliche Nutzung der gezeigten Modelle. Bei Verwendung im Unterricht und in Kursen ist auf dieses Buch hinzuweisen.

Auflage: 5. 4.
Jahr: 2008 2007 2006 2005 2004 [Letzte Zahlen maßgebend]

© 2004 frechverlag GmbH, 70499 Stuttgart

ISBN 3-7724-3316-2
Best.-Nr. 3316